I0766525

R. A. Ramírez-Báez

Ocasio

y el hombre del millón en Washington, D.C.

Prólogo

La carrera política de la congresista Alexandria Ocasio-Cortez está marcada por el factor sorpresa. Cada día es noticia. Ni la sorpresiva renuncia del jefe de personal de su oficina ha impedido que la estrella demócrata deje de hacer comentarios y denuncias, unas atinadas y otras parecerían no encontrar el blanco perfecto. Aun así, es admirable que luego de haber realizado trabajos de bajos ingresos ya ocupa un escaño en la Cámara de Representantes de la nación más desarrollada del planeta. Eso tiene grandes méritos en la sociedad norteamericana y en el resto del mundo. Sin que importe el origen social, étnico y económico, este país facilita que sus ciudadanos lleguen a los más altos niveles de la sociedad y obtengan notable poder político y económico. El triunfo con el que Ocasio-Cortez destronó de su escaño al congresista Joe Crowley, luego de más de veinte años en el puesto, además de ser presidente del Partido Demócrata de Queens, no deja de ser una sorpresa al nivel nacional, e incluso para la misma joven de origen puertorriqueño.

Después de escribir y publicar *La sorpresa demócrata,* primer libro que se publica en español acerca de su triunfo, confieso que no me sorprende que la congresista Ocasio-Cortez se haya convertido en la estrella del Partido Demócrata, concentrada siempre en los diferentes temas que pudieran afectar al ciudadano estadounidense de escasos recursos.

No obstante, mi experiencia como estratega político me alertó sobre ciertas reacciones a mi participación en la campaña que llevó a Ocasio-Cortez a la Cámara de Representantes. Desde temprano intuí que Saikat Chakrabarti, que luego sería el jefe de personal de la oficina de la congresista en Washington, seguía mis movimientos cuando yo organizaba aquel primer debate bilingüe entre el congresista Joseph Crowley y la entonces aspirante. Esa misma situación se registró cuando la Asociación Demócrata Panamericana de Queens, de la cual ahora soy presidente, se convirtió en la única entidad comunitaria que endorsó a la entonces candidata y potencial congresista Alexandria Ocasio-Cortez.

Tan pronto Ocasio-Cortez llegó a la Cámara de Representantes, su jefe de personal fungió como dirigente de una especie de congreso paralelo dentro de la misma oficina que regenteaba. La influencia de Saikat Chakrabarti fue tan notoria que los medios de comunicación no tardaron en darse cuenta de que en la voz con tinte socialista de la congresista habría notables ingredientes de su exjefe de personal.

Sobre eso trata este libro, *Ocasio y el hombre del millón en Washington, D.C.*, un testimonio de mi participación directa como estratega en un proyecto cuyo pronóstico prefiero reservarme a la luz de los acontecimientos.

R. A. Ramírez-Báez
–Estratega político–

«El Congreso es demasiado viejo».
–Alexandria Ocasio-Cortez

—1—

Hace muchos años leí un libro que explicaba cómo se fabricaba el éxito de cualquier persona. Es una lectura que recuerdo cada vez que veo en los medios de comunicación el nombre de Alexandria Ocasio-Cortez, que de ser una humilde maestra de escuela y luego *bartender* sorprendió al mundo cuando ganó un asiento para representar mi distrito de Queens en la Cámara de Representantes en Washington, D. C.

A ella le conozco como el que más, porque me tocó ser parte de su equipo de estrategas de su campaña. En ese sentido tuve la oportunidad de ver el origen de la burbuja, y de conocer también al artífice de pronunciamientos políticos que impresionan más por el manejo de imagen mediática que por razones ideológicas amparadas en un supuesto socialismo democrático.

En ese mismo libro leí que el éxito en política es producto de la asesoría, ayudas y consultas técnicas y estratégicas del más alto nivel. Como también recuerdo haber subrayado que estos planteamientos solo podrían validarse en regímenes democráticos donde el *marketing*, las estadísticas y las encuestas tienen como objetivos garantizar el triunfo y la permanencia de un candidato político.

Nada de lo planteado en aquel libro podría aplicarse, por ejemplo, en un régimen socialista como en la ex Unión Soviética. Esos recursos de Geopolítica tampoco tendrían cabida en Cuba. Entre las ideas políticas de Ocasio-Cortez y lo planteado en aquel sistema que sucumbió a los cambios ideológicos, existe una diferencia abismal. Pero ella y su «escuadra» insisten en instalar en Estados Unidos un sistema político, social y económico ya fracasado. Estas comparaciones podrían no venir al caso; sin embargo, son anticipos para validar y contradecir algunos conceptos ya vertidos por la estrella demócrata. Pero este libro no se propone resaltar las controversias de una congresista joven que promueve el socialismo democrático, sin conocer la historia de las luchas de clases en Estados Unidos.

Soy testigo irrefutable de la estrepitosa caída de la Unión Soviética y sobre este trauma de la historia moderna tengo aun inédita una extensa novela. ¿Dónde habría estudiado la congresista Ocasio-Cortez las bases del socialismo científico? ¿Qué experiencias personales habría obtenido en países donde ha sido exitoso o ha fracasado el socialismo? ¿Cuáles libros habría leído? ¿Habría, por lo menos, visitado algún país socialista?

Nunca antes se hubieran enfrentado en las redes sociales la utopía de un régimen ya condenado por la historia y esos altisonantes guiones con que la novata congresista insiste establecer a su manera el socialismo democrático. Como si intentase en esta porción del hemisferio eliminar el flagelo de la ambición humana. Como si estuviésemos ante un teatro donde la ficción y la realidad son actores de una misma escena. La geografía y la historia casi nunca se ponen de acuerdo con una determinada ideología. A juicios del sociólogo y filosofo, Zygmunt Bauman, la sociedad gira en una «modernidad líquida». El hombre no tiene más que adaptarse como si fuese un líquido a un recipiente. Ese mismo recipiente contiene la deformidad de la sociedad, como si el mundo solo encontrara soluciones a sus problemas por medio de la política.

En estos tiempos, nadie se arriesga a creer

en lo que promete y promueve un servidor público, como si fuese necesario comulgar una determinada ideología. Dígase con propiedad: el político jamás está exento de algún falso argumento. Aunque irónicamente tiene a mano los recursos de las redes sociales para proyectar una agenda digerida y aceptada por un conglomerado social; o lo que sería peor, controlar la economía y política a través de una cibernética envilecida.

Esos guiones mediáticos tienen como misión hacer brillar a la congresista o condenarla al ostracismo. Pero ella parecería resplandecer en ese mar de constelaciones étnicas que es la sociedad estadounidense. Sin embargo, sustentar un reciente liderazgo con los deslumbrantes recursos del marketing político nunca dejaría de ser un riesgo para cualquier oficial electo. Y mucho más si su ascenso ha sido producto de haber proyectado su propia imagen sin antes o después haber logrado establecer su propia agenda. Suele ser tan rápido el ascenso político como su estrepitosa caída.

¿Podría la estrella demócrata sobrevivir enfrentando y desafiando a la milenaria comunidad judía? Yo no tengo esa respuesta. Aunque espero que en algún momento Alexandria Ocasio-Cortez pudiera repetir la frase famosa de Fidel Castro: «La historia me absolverá».

La *modernidad líquida* exige una sociedad desprovista de los ribetes laudatorios de cualquier ideología. Ninguna ideología ha tenido por méritos salvar a la humanidad del cadalso. El balance histórico y moral de las ideologías ha sido desastroso y solo podría ser equiparable a ese cruento memorial de los agravios de la fe ciega, la economía del Estado y la religión absoluta. En la sociedad americana ambos elementos son manifestaciones reguladas por tradiciones y costumbres, amparadas en un balance jurídico en que converge la más amplia variedad de creencias consagradas en la Constitución. Y por tanto para el pueblo norteamericano no dejaría de ser preocupante como el fenómeno Alexandria Ocasio-Cortez se ha propuesto enviar el pasado al vertedero del olvido, pulverizar ese mismo presente y propugnar por el establecimiento del socialismo democrático en Estados Unidos. Sin embargo, la estrella demócrata parecería olvidar que la memoria del pasado en mentes lúcidas, lejos de ser pulverizada, es materia prima del presente.

No habría que ser estratega político o haber leído algún libro sobre el éxito para seguir con cautela esas ideas con que Ocasio-Cortez le dice cada día a la sociedad norteamericana lo que ella y su percepción ideológica, con aun poca experiencia, enarbolan como socialismo democrático, asunto este que sí está muy distante del espíritu de la América, guía inspiradora de grandes procesos democráticos en la historia moderna.

Entonces, la congresista tiene un largo camino para convencer a la nación americana, a sus colegas de la Cámara de Representantes y por supuesto a los constituyentes de su distrito de que su presencia en Washington no solo sería la hazaña de haberse convertido en la persona más joven en ocupar un escaño en el Congreso de Estados Unidos. Y algo más que siempre estaría presente en su legado y es que su triunfo fue contra un oponente que al momento de su primer debate bilingüe en Queens dejó como prueba de su ausencia una silla vacía ante un auditorio con más de 200 electores que en su mayoría eran constituyentes de su propio distrito. Agréguese aquel debate del 11 de junio de 2018 que se convirtió en preludio de una derrota acontecida a dos cuadras de la oficina de su oponente.

Como algo premonitorio rara vez en política, hacía apenas tres semanas que la candidata Alexadria Ocasio-Cortez había instalado oficina de campaña también en Queens, a escasos metros de donde operaba su oponente, el congresista Joseph Crowley, que era jefe de la Maquinaria Demócrata.

Para la hoy congresista, Alexandria Ocasio-Cortez la suerte estaba ya echada, como diría el general romano Julio César. Su presencia en Queens era señal contundente de que no podía ya retroceder ante un adversario favorecido por las herramientas del poder político y económico. Ella vino desde el Bronx vestida de esa aparente humildad donde el político esconde lo más depurado de su espíritu hipócrita. Se acogió a esa astucia con que un político de su estirpe logra sus marcados propósitos pero sin dejar a la vista que es una guerrera en potencia.

En mi vecindario nadie había oído mencionar el nombre de Alexandria Ocasio-Cortez. Ella parecía una extranjera en un país lejano, y aunque los rasgos de mujer latina pudieron haber sido su mayor ventaja, era evidente su limitado manejo del idioma español, el cual habla con marcado acento anglo. Irónicamente, ella no ganó con el voto latino y es poco probable que pudiera reelegirse con la mayoría hispana de su distrito. También ayudó que en su campaña había pocos hispanos y la mayoría eran nacidos en Estados Unidos. Por tradición, la comunidad hispana registra un alto porcentaje de abstención electoral y la propuesta socialista de la mujer más joven en el Congreso aun carga ese aire de suspenso en su propio distrito de Queens.

A las 11:15 p.m. del martes 26 de junio, el mundo político de Nueva York amaneció impactado por el sorpresivo triunfo de Alexandria. Ella fue la más incrédula, la más estremecida aquel 26 junio de 2018. Así lo denunció la expresión de su rostro cuando se enteró de su triunfo. Se tapó la boca con ambas manos en muestra de que inequívocamente el triunfo la había sorprendido más que a cualquier otra persona de la campaña.

Este ya extenso preámbulo podría ser el preludio de esos impredecibles acontecimientos de mi vida: el 8 de noviembre de 2018, a dos días de que Ocasio-Cortez ganara las elecciones generales, le hice llegar una carta a través de Virginia Ramos Ríos en la que dejaba claro que yo me apartaba definitivamente de su proyecto. De tal manera que en la cultura hispana no se concibe que una persona ayude o trabaje para un político, que gane unos comicios y que no reciba algo por su trabajo. Pues, en nuestro mundo hay que recibir algo cuando ese político asume el poder. Jamás he participado en proyectos políticos para luego ser recompensado. Y mucho menos en el proyecto de Ocasio-Cortez donde observé que muchos jóvenes estaban allí con la esperanza de ser luego gratificados con un trabajo de oficina. Cientos o miles de estos jóvenes aun están desempleados y otros participan en política por esa rebeldía cobijada de optimismo. Como también hay que reconocer que otros tantos son altamente calificados; quiérase o no, eso último es y será una realidad en esos jóvenes de la llamada Generación del Milenio. Como también tengo que reconocer que otros aun persisten en construir un mundo maravilloso que solo existe en sus fantasías. En este caso se empecinan en seguir el épico fracaso de la Unión Soviética.

Con las ideas de la congresista Ocasio-Cortez, América tiene que pararse delante de su propio espejo y luego mirar al resto del mundo desde lo alto del cañón del Colorado. La conciencia es lo que quizás toma más tiempo en desarrollarse en la vida de un hombre. La decepción germina tan tarde que en vez de emanciparse o reivindicarse, hace algo mucho peor: claudica, y al claudicar fermenta el resentimiento y de paso carga consigo la frustración. Con esto quiero decir que la congresista Ocasio-Cortez requiere de madurez política para que no sea vista como uno de esos ensayos que pierden su incandescencia. En ninguna otra actividad como en política un esfuerzo suele ser tan contradictorio. Para ascender al poder se requiere de un único resorte: paciencia, Ese eslabón que solo elabora conciencia y que pone de su lado a las posibilidades. Como alguna vez dijera el exsecretario de Estado del presidente Richard Nixon, Henry Kissinger: «La política es una ciencia de posibilidades».

La política es un manufacturado vendido a muy alto precio y convence hasta con un vago argumento. Más que exhibir el contagio de las ideas y los gestos, Alexandria Ocasio-Cortez es actriz de primer orden; siempre lista para improvisar cualquier guion. Ella es capaz de caminar sobre el filo de una navaja. Si algo describe su escénico parpadeo y las articulaciones de sus labios es imponer ante los demás su propia personalidad. Como todo político, ella jamás puede ocultar su arte de manipular sin dejar a la vista que es intocable. Pero más que intocable ejecuta escenas de teatro donde ella es el lobo y, a su vez, la caperucita.

Alexandria Ocasio-Cortez nunca estará satisfecha con haber concitado total atención. Ella exige y se exige las sillas, mesas y, por supuesto, no desiste en llegar hasta el último espectador del auditorio. Ella lo ambiciona todo; ese todo tiene que estar bajo su mandato. Es un caudillo en potencia. Si lo aquí expresado no llega a ser profético, entonces, estoy errado en descifrar las ambiciones de la joven congresista y los arreglos turbios de su exjefe de personal. Ella se ha propuesto que toda una nación y el resto del mundo pongan ojos en ese guion mediático con que pretende que la América de Lincoln sea vista a través del socialismo democrático.

Hay que decirlo: Alexandria Ocasio-Cortez está obsesionada en que su figura sea vista como lo más excelso del marketing político. Como si en ella la política fuese una herramienta lista para romper esquemas y moldes antiguos. En ella el *establishment* ha encontrado la estrella o el ocaso de esta generación; sin embargo, ese mismo e*stablishment* juega con las cartas marcadas, pero debajo de la mesa.

Por supuesto que jamás sería biógrafo de Alexandria Ocasio-Cortez. Sí tengo como propósito advertir sobre su agenda política. Debo decir que ella vino a mi vecindario con ofertas progresistas que hasta la fecha están dispersas entre las sillas de la Cámara de Representantes. Ella no fue elegida por un vecindario de Chicago. Ella olvida que representa a la comunidad inmigrante de Queens y el Bronx. Como también parecería que olvida que su oficina de campaña estaba al borde del congestionado tren 7 que atraviesa una de las comunidades más diversas y empobrecidas de la nación. Y con ella viajé en ese mismo tren 7, con ella caminé las polvorientas calles de Corona y los edificios despintados de Elmhurst y los elegantes condominios y cooperativas de Jackson Heights.

Mi trayectoria comunitaria y política de más de un cuarto de siglo apostaron a su agenda. Hice que los ancianos de mi vecindario dieran su voto; logré que la gente humilde viera en Alexandria Ocasio-Cortez esa luz redentora en una vecindad olvidada por su oponente. Como también hice que su equipo de campaña, que por cierto eran jóvenes de distintos estados de la nación, consumiera las comidas y los servicios de mi vecindario. Le abrí las puertas de los centros de ancianos y de los clubes comunitarios que estaban al servicio de su oponente.

Más que una exigencia comunitaria, la congresista Ocasio-Cortez amerita una advertencia política. Más que representar a un vecindario de inmigrantes urge que ella aporte recursos tangibles a los constituyentes de su distrito. Asunto este que parece no estar en la agenda de la estrella demócrata. Cuando un político está obnubilado con las mieles del poder, se resiste que alguien le haga reclamos comunitarios y en gran medida rehúsa enfrentar su propia realidad. Así como la hemos llevado a las gradas del Capitolio a través del voto, asimismo podemos bajarla de su pedestal con la misma herramienta.

He aquí todo cuanto está de mi lado. Tuve el privilegio de estar sentado en el primer sillón del escenario. Me atribuyo el derecho de haber sido testigo de primer orden del sorpresivo triunfo de la boricua, aspirante al Congreso de la primera potencia mundial. Soy poseedor de un ojo que mira el mundo a través de esa hendija donde se proyecta la más deslumbrante deformidad de la conducta humana. Como también son muy escasos los políticos que han podido separar la luz de la sombra. Solo los dotados de un agudo instinto llegan a saber cuándo el éxito construye el sendero del poder. Solo aquellos seres adiestrados en los juegos del tiempo podrían saber hasta cuándo conservarían o perderían el poder, o si la caída está exenta del implacable castigo del olvido. Entre la política y el poder, el olvido se acredita el solemne palacio de la nostalgia. Nadie como el gran Napoleón podría darnos cátedras de su destierro en la isla Santa Elena después de la estrepitosa derrota de la *Grande Armée* (Gran Ejército) en *Waterloo*. Habría que resaltar que el destierro tiene ahora otra modalidad que parecería ser el desenfrenado escarnio de la Red Cibernética.

No obstante, el buen político se apresta a mostrar el más contagioso optimismo, pero jamás estaría presto a viajar en la barca del olvido. Dígase con propiedad: la experiencia en política tiene los mismos rigores que la conciencia. La experiencia y la conciencia tardan bastante para dar ese fruto que casi siempre llega a destiempo o nunca llega al despacho del servidor público. El descuido en un político es una espada de Damocles que en vez de pender de la cabeza, ronda como una vorágine de castigo. Ningún ser sobre la tierra tiende a cometer más errores que el político cuando se esfuerza en obtener resultados con el falso juego de las ideas o entre los vanos recursos del pensamiento. Allí existe lo más abyecto del género humano: la conciencia y si usted le agrega, por así decirlo, los resortes de la religión, se haría notable como los escrúpulos que merodean a todo servidor público. Ya no es necesario decir aquello que la gente piensa del político.

Nunca antes la infamia había tenido tanto espacio en el palacio de las redes sociales. Como si el mundo encontrase entre las imágenes una tabla de salvación en medio de la tempestad. Y eso es falso. Alexandria Ocasio-Cortez tuvo la suerte de haber llegado al Congreso en esa edad cuando el mundo se nos presenta como un barco cargado de esperanza. Ella tiene que estar preparada para saber que esa comunidad que ella representa no tardará en exigirle que vuelva a degustar tacos mexicanos; mangú dominicano y, por qué no decirlo, unas ricas empanadas colombianas. O un exquisito postre *Gulab-yamun* de Bangladesh. Tengo el presentimiento de que la joven boricua ya está acostumbrada a la incandescencia de las cámaras y a las vistosas portadas de los más importantes medios de prensa de la nación. Justo ahí es cuando del poder político se apodera un progresivo desgaste. Un moho cubre el despacho de ese servidor público que mira su comunidad desde una ventana de Washington. Espero estar equivocado. Siempre estaré con la gente de mi comunidad. Ahí he estado por décadas y ahí aun estoy, Alexandria.

«Vamos a construir un movimiento
más amplio para la justicia social,
económica y racial en Estados Unidos».

—Alexandria Ocasio-Cortez

—2—

El político ducho elige entre ser un zorro o
un lobo, pero siempre con un as debajo de la
manga o listo para jugar la próxima partida.
En Alexandria Ocasio-Cortez percibí, y aun
percibo, que se rompen esas antiquísimas
definiciones de que la política es arte y ciencia. Ahí está la intríngulis, mi especulación
y, si se quiere, mi sospecha. Como también
pronostico que su incandescencia podría ex-
tinguirse como un cirio en medio de la noche más oscura. La política es tan vengativa
como la hiena a la que se le arranca una de
sus crías, como el enemigo que jamás acepta
el triunfo de su más acérrimo adversario. Ol-
vidarse de la comunidad que generosamente
otorga luz nunca dejará de ser un acto pecaminoso, un acto que la historia se reserva
para la última partida.

Observé en Ocasio-Cortez ese espíritu in-saciable de las hormigas, ese patrón de con-ducta con que evadía un merecido descanso. Vi en su rostro esas emociones tan notables en su espíritu de guerrera. En sus ojos ob-servé que el sueño no sería su mejor aliado. Asumí que sus largas horas de aquel trabajo tedioso podrían haberla alejado del balance reparador de un sueño confortable. Siem-pre he dejado que mis ojos sigan el rastro de mis instintos como una forma de que la memoria se sienta a gusto con el resto de los sentidos. Entre la superstición y el destino siempre tendrá espacio la sospecha. Siempre he observado al político a través de un espejo oblicuo, o a través de una hendija.

En ella presiento al político obstinado en ascender por una barra y sin sopesar que esta sea fría o caliente, como si todo fuese justifica-ble para llegar a la cima del poder. A menudo su mirada fascina y de pronto se torna sombría a fin de crear un posible desconcierto de lástima o de optimismo. Siempre exhibe su vitalidad de mujer combativa y sin dejar a un lado que su disciplina esté por encima de sus propias necesidades básicas. Ahí está su misterio. En vez de decepcionar, apasiona. Las hormigas no hacen ruidos, no imploran aspavientos. El silencio en ellas es preludio de su larga experiencia sobre la tempestad. En este muestrario especulativo la boricua se nos presenta como una contradicción, pero ella exhibe a su favor una impoluta disciplina.

Esa grandeza de las hormigas confirma seres impredecibles. Justo allí es donde ellas hacen más paradójica su versatilidad. La hormiga brilla por ese pragmatismo con que sobrepasa la lógica humana. Existe en ellas ese optimismo que insta a evocar un torbellino de metáforas. Desde el principio mismo que conocí a la aspirante Ocasio-Cortez vi en ella esa pasión devota de hormiga laboriosa.

Prefiero estar confundido. Sin embargo, en esos momentos cuando la menuda figura de la congresista se para delante de las cámaras y sus grandes ojos negros contradicen los destellos de luces, tendría que pasarle el repentino celaje de mi sombra. Esa sombra para algunos es tan roja como el vivo espíritu de la remolacha pero que en Alexandria Ocasio-Cortez es un nudo en la garganta. Estamos en presencia de una congresista que a su manera propone repartir la riqueza de esta gran nación. Ya la historia moderna ha acumulado bastante experiencia de lo que significa el «reparto de riquezas». Y más experiencia es que esa misma riqueza ya repartida solo ha tenido dos caminos: retornar a sus antiguos dueños o su conversión en una traumática pobreza. Es un pecado capital cuando un político insiste en repartos desmedidos de la riqueza, pero mucho más peligroso es cuando ese mismo político insiste en ser garante del bien colectivo. Hay que conocer a fondo el valor que tiene en el mercado esa fuerza laboral; y al tiempo conocer los excedentes de la plusvalía. Y establecer la acumulación originaria del capital y luego el lugar que ocupa el trabajador en las relaciones de producción. Pero sin dejar a un lado las fuerzas productivas de cada sociedad y cuales conquistas están consignadas al obrero y cuales beneficios estipulados al capital. El reparto de bienes y riquezas no puede estar supeditado a los caprichos de un oficial electo que al llegar al poder violente los procesos productivos con recursos ideológicos.

Si algunas experiencias por cierto, traumáticas ha padecido la sociedad a lo largo de su largo devenir, ha sido durante las diferentes luchas por el reparto de la riqueza ya acumulada. Esas luchas ya convertidas en guerras no habrían sido suficientes para que el género humano vislumbre cuando un político se aferra al fallido argumento de que todo es válido por el bien de la colectividad.

No dejaría de ser arriesgado cuando un político propone que los servicios públicos debieran ser gratis, desde la medicina hasta la educación. Es razonable y justo que la energía debiera producirse sin la menor contaminación. Hay que repetirlo: nuestro planeta ya está castigado por la desmedida ambición del hombre. La política no deja de tener sus nobles propuestas como también su ángulo oscuro. Sin embargo, esta a menudo responde a esa vorágine depredadora del bien colectivo que llamamos corrupción.

Nunca se podría descartar que detrás de cada propuesta pudiera ocultarse la sombra del lobista. Por ahí merodea el habilidoso que aporta recursos para luego obtener notables beneficios. Y no falta el asistente que como mago suele ocultar un As debajo de la manga. Dentro de la oficina misma del oficial electo existe alguien que sin decir una palabra, sin siquiera hacer el más leve comentario o insinuar gestos, aspira a ocupar alguna posición política. Ese mismo asistente aspira a la misma posición de su superior sin que este jamás tenga la menor de las ideas. La política en alguna esfera se manifiesta como un huerto: casi nunca se sabría que germinaría y luego que crecería con el ímpetu voraz de llevarse todo a su paso. Un político tiene que saber jugar pero con las cartas marcadas, tanto con sus colaboradores más íntimos y sin subestimar al personal de oficina. El mayor enemigo del político podría ser uno de sus más cercanos colaboradores; ese con quien toma el primer café de la mañana; ese con quien discute una propuesta; ese que conoce esas debilidades con las que urde la inesperada estocada. Esa estocada podría significar la cárcel y en tiempos pasados, una espada filosa en la espalda.

Entonces, la confianza en un servidor público es un escándalo público. Y esto viene desde los tiempos del emperador romano Julio César cuando fue asesinado por sus más íntimos colaboradores. Los escándalos públicos están en consonancia con los arreglos turbios de la traición. Esta es la hermana gemela de la envidia. Ambas sombras persiguen al político exitoso. La política en su ejercicio exige evitar el menor descuido como también recomienda jamás dejar un semillero de cadáveres a lo largo de ese espinoso camino que conduce a la gloria o hacia el infierno.

En el caso especifico de Alexandria como dije desde el principio mismo que por haber sido una humilde maestra de escuela y luego ganarse la vida como bartender y ahora arrojar luz sobre el mármol del Capitolio, despierta el más voraz de los siete pecados capitales y sin que la envidia y la traición dejen de sembrar en su entorno un huerto de infamias. Agréguese su vitalidad de mujer combativa en una sociedad que carga esa tara posiblemente ya americanizada del caudillo árabe.

En la sociedad americana existe otra tara que envilece su sistema democrático: la mentira que ya es un hábito lastimosamente utilizado por las altas esferas, tanto del poder económico como político. Lo peor de esta gravísima situación es que la mentira haya sido convertida en herramienta desde el primer ejecutivo de la nación, hasta el ciudadano común. Y algo más: la mentira en América persigue tanto a verdugos como a sus propias víctimas.

Aun así, se está a la espera de que en algún momento la congresista Ocasio-Cortez tendría que explicarle a la nación de qué color estarían vestidos aquellos arreglos con que su exjefe de personal habría logrado que ella se convirtiera en la persona más joven en ocupar un escaño en la Cámara de Representantes y en un abrir y cerrar de ojos en la estrella del Partido Demócrata. Como también en algún momento tendría que explicar la procedencia y uso de esos fondos que su exjefe de personal habría trasegado con la supuesta ayuda legal y técnica de las Delaware LLC. Nadie lleva una estrella hacia el firmamento a cambio de una sonrisa o por un simple haz de luz.

Salió a la opinión pública que entre ella y

su exjefe de personal habrían surgido irreconciliables desavenencias sobre el *New Green Deal* (Nuevo Tratado Verde). De todos modos, la confianza o la insidia, juntas o separadas podrían rondar la cabeza de la joven congresista.

Solo aquellos que viven y leen con los ojos cerrados los asuntos políticos podrían atribuirles las palabras *New Green Deal* a Ocasio-Cortez y su exjefe de personal. Estos conceptos tienen su historia y efectos en la política de Estados Unidos desde 1933 a 1937 cuando el presidente de entonces, Franklyn Delano Roosevelt propuso y puso en marcha propuestas económicas con que actuó de manera enérgica sobre lo que se consideraban las causas de la grave crisis económica de la gran depresión de 1929, en que había muchos productos en el mercado y un decreciente número de compradores. Una crisis que ha dejado secuelas y experiencias a la economía del coloso del norte. Las medidas iban desde detener la drástica devaluación del valor del dólar, recuperar el valor adquisitivo del sector agrícola, reactivar la industria con aumentos de salarios, reconduciendo la jornada laboral y con subida de precios para corregir descensos provocados por la depresión, una política de subvención para los bancos en dificultad financiera por los fondos perdidos en la crisis, hasta una política para luchar abiertamente contra el desempleo.

Para la apasionada defensa de su tratado —esta vez sobre el cambio climático—, la congresista Ocasio-Cortez estuvo acompañada de su coauspiciador, el senador demócrata, Ed Markey, ambos presentaron propuestas que promueven medidas para reducir la desigualdad económica en Estados Unidos. Además, la congresista y su colega senador insistieron en que su proyecto propone una mayor justicia social, económica y radical en la nación. La parte técnica y científica estuvo documentada sobre el impacto global que tendrá sobre la Tierra con el aumento de la temperatura en dos grados centígrados este siglo, por encima de niveles preindustriales. Al tiempo que se propone proteger la capa de Ozono y la descarbonización de la economía estadounidense. A todo esto habría que añadirle que los socialistas estadounidense tienen como objetivos impulsar el problema climático y de alguna forma tienen que abordar su más encarnizada propuesta: universidad gratuita, más empleos sindicales, atención médica también gratuita para todos, seguridad económica y garantizar un trabajo con salario familiar, licencia familiar y médica adecuada, vacaciones pagadas y seguridad de jubilación para todas las personas de Estados Unidos.

Naturalmente, que la clase ultraconservadora no se iba a quedar de brazos cruzados ante este pliego de propuestas cuya resolución colocan al *New Green Deal* en franca actitud de guerra en ambas cámaras, ya que dicho proyecto estuvo copatrocinado por seis candidatos presidenciales de 2020: Sens. Bernie Sanders, Kirsten Gillibrand, Kamala Harris, Elizabeth Warren, Cory Brooker y Amy Klobuchar.

La bancada republicana del congreso y el senado no tardaron en darles diferentes calificativos al Nuevo Tratado Verde y le llamaron: «Manifiesto socialista», «Fantasía socialista», o incluso, un plan equivalente a un genocidio. La vehemencia con que la congresista Ocasio-Cortez defendió el Tratado tuvo amplia repercusión mediática y levantó una voz firme dentro del Congreso y sin que faltaran las ironías del presiente Donald Trump: «¡Este proyecto es Brillante!».

Antes de asomar al palacio de Bangabhaban nos podríamos topar con el joven millonario Saikat Chakrabarti, consideramos como anticipo conocer a Ed Markey, senador por el estado de Massachusetts, quien ha centrado su propuesta en política energética y que fuera además Presidente del Comité Independiente de Energía y Calentamiento Global de 2007 a 2011. La congresista Ocasio-Cortez en apenas meses en el Congreso logró compartir una concurrida rueda con el Senador decano de Massachusetts, que es segundo miembro activo del Congreso con más años de servicio en Nueva Inglaterra, detrás del senador Patrick Leahy, de Vermont.

No habría que ser un estratega en asuntos políticos ni un experto en relaciones públicas; pero si un fino catador de la ambición humana. Con esa movida, Ocasio-Cortez jugó una de esas cartas que el creído buen jugador queda de boca y ojos abiertos, mientras que en su corazón late la envidia, esa vieja aliada de la intriga. La boricua, humilde maestra de escuela y bartender del rayar de alba, sorprendió a su exjefe de personal. Como si la novata hubiera alzado vuelo hacia los cielos abiertos del horizonte, la jugada de Ocasio-Cortez fue magistralmente tan bien lograda que despertó en su exjefe de personal eso que Tostoi llamó como la abeja reina de todos los pecados: la soberbia.

Lo concerniente al reciente *New Green Deal*, como dije, no es creación ni innovación de la congresista Ocasio-Cortez, tampoco del exjefe de su oficina, Saikat Chakrabarti, quien el 12 de julio de 2019, hizo contundentes declaraciones que la prensa desplegó a nivel nacional: «Acaban de matar al *New Green Deal*», y se adjudicó ese «asesinato» a los comentarios vertidos por Saikat, quien al mes siguiente, el 2 de agosto, renunciaba como jefe de la oficina de la congresista.

Tan pronto Saikat Chakrabarti se dio cuenta de la astuta movida de Ocasio-Cortez, no contuvo su dominante ímpetu del caudillo que puso sobre la mesa un millón de dólares para que su protegida llegara a Washington. A punta de coraje y habilidad, la boricua logró ganarse a los escépticos y con esto aumentó el descontento de Saikat, quien en un acto desesperado contradijo a la que él creía su pupila: «el *New Green Deal* no se trata principalmente de abordar la crisis climática, sino de reemplazar al capitalismo estadounidense por una economía socialista». Y no conforme con esto tuvo una reunión con Sam Ricketts, director climático del gobernador Jay Inslee de Washington, quien lanzó una candidatura presidencial para 2020 centrada en propuestas sobre el clima. Es decir, Saikat Chakrabarti barajó sus cartas con la desvelada intención de reducir el impacto de la congresista Ocasio-Cortez: «se trata de cambiar la economía entera» y con ello proporcionaba a los críticos de la congresista y por supuesto a los opuestos al Tratado más municiones para decir: «Mira, te lo advertimos».

Desde ese mismo momento, Saikat Chakrabarti pasó de financista de la congresista Ocasio-Cortez, estratega político, de jefe de personal, de guionista, a un filibustero vestido de una falsa túnica socialista. De modo que sería mezquino restarle notable habilidad en los juegos políticos a Saikat, a tal grado que puso al desnudo los errores de Alexandria en lo referente a subestimar el atractivo de las ideas radicales en la práctica; y por el otro lado hizo que reconociera que las encuestas nacionales sobre el Tratado en las áreas más conservadoras, son importantes en la Cámara de Representantes y el Senado. En el caso hipotético que el Tratado pudiese superar estos dos obstáculos y elegir sorpresivamente a un presidente socialista, y se obtendría una mayoría socialista en ambas cámaras del Congreso, aun así el Tratado tiene muchas barreras para implementarse. En otras palabras, el Proyecto exige una movilización económica de décadas. Está más que demostrado que en la historia de Estados Unidos, un único partido jamás ha controlado todos los resortes del poder económico y político en Washington. Y ante la eventualidad que el *New Green Deal* logre notables avances, se revertiría cuando los republicanos tomen el control en alguna Cámara.

Por consiguiente, el exjefe de oficina de manera directa y sin ambages buscó una alianza con Sam Ricketts y luego atacó directamente el Tratado con notables ribetes de chantajes y manipulación para que Ocasio-Cortez bajara del pedestal con que a gran suma de recaudaciones, movilizaciones en las redes sociales y estrategias de él mismo y su equipo habrían logrado hacer de una desconocida la estrella demócrata de Washington. Pero, la desesperación y los errores lo obnubilaron hasta enfilar su artillería contra la oficial electa de más alto rango en la Cámara de Representantes: la congresista Nancy Pelosi. Ya ahogado en un barril de resentimientos y atrapado en su propia trinchera, se convirtió en blanco de una serie de investigaciones por recaudaciones y uso de fondos públicos, hasta que definitivamente fue aniquilado por esa drasticidad con que la espada política no tiene más que cortar de tajo a la traición y la rebeldía.

Sin embargo, Saikat Chakrabarti casi nunca juega todas sus fichas sobre la mesa. Se reserva algunos alfiles para utilizarlos en su ajedrez político.

«Si vamos a dar vuelta el rumbo
de este barco como país, no basta con
lanzar una roca al jardín de nuestro
vecino, debemos limpiar nuestro
propio fondo».

—Alexandria Ocasio-Cortez

—3—

El gran éxito de Alexandria Ocasio-Cortez fue haber sorprendido a un oponente engreído por la adulonería del poder. La adulonería ha sido excesivamente aplaudida en el ejercicio del poder, a tal magnitud que hemos pensado que ese flagelo burocrático es producto de esos países de frágil democracia. En Estados Unidos, las reverencias a los altos cargos políticos, en cierto modo, tienden a degradar la esencia de la política. Las lisonjas o alabanzas exageradas solo cambian de textura; aunque el método suele ser distinto para conseguir un favor o ganar voluntad del servidor público. No importa en qué dimensión esté el ser humano, la gratitud, el éxito y la lisonja viajan juntas en la misma carroza. Al hombre pulcro solo le es suficiente una palmada o una palabra de agrado en el momento oportuno.

En cambio, un político que logra éxitos a través de su imagen pública tiende a elevarse sobre los palcos huecos de su propia realidad. Al retornar al mismo libro leído sobre el éxito, reflexiono que la ideología tampoco deja de ser una fábrica preventiva de éxitos cuando el pensamiento se aferra a una verdad absoluta. Solo aquellos que se consienten con poderes ilimitados, podrían erróneamente exhibirse como únicos representantes de una colectividad. El ruido de las imágenes en el Congreso resuena como una salve de advertencia sobre el futuro político de la congresista. Ella misma se empuja hacia un hemiciclo de intrigas, donde el político diestro adquiere el brillo del halcón, y los lobistas, el de víboras.

A esa edad, la lealtad, la amistad, el heroísmo, dejan de ser palabras disfrazadas: la lealtad en un político inexperto reside en la confianza; la amistad podría escaparse hacia los senderos de pactos y acuerdos; la gloria será un blanco en disputa. Al retiro un político arrastra consigo sus logros o sus derrotas hasta la tumba sin que por ahí haya faltado una alta dosis de reverencia; esta se vende en América como un edulcorante con el más alto grado de adulonería.

De modo que Ocasio-Cortez aun no logra entender cómo los juegos del destino me llevaron a ser parte de su equipo de campaña. Ahí está el misterio. Soy uno de los miles de inmigrantes a los que los políticos del sistema observan con ojos de sospecha. Siempre he mirado a Alexadria Ocasio-Cortez fijo a sus ojos de luna llena: aun yo no estoy equivocado. Los estereotipos suelen conducir a los caminos de grandes sorpresas. Hay que tener un alma noble para que a nuestros pies no caigan las hojas ocres de la sospecha. Cuando en aquel debate del 11 de junio yo criticaba la negligencia de su oponente, ella misma a través de Virginia Ramos Ríos no pudo ocultar sus desacuerdos conmigo.

Al día siguiente me presenté en su oficina para hacerles saber, tanto a la candidata, como a su jefa de campaña, que ambas estaban en el debate en calidad de invitadas y que lo expresado de mi parte con respecto al congresista Crowley era de mi total responsabilidad. Pudiera ser que la congresista Ocasio-Cortez aun no entienda aquello de que la conciencia tiene vitalidad de metal; o no alcanzaría a ver esa luz que despeja los nubarrones del camino. Yo solo respondo al mandato de mi conciencia y a la lealtad de mis principios. Así que venderse a través del *marketing* político podría ser equiparable a que en algún momento se pierda la incandescencia. Alexandria Ocasio-Cortez aun no sabe y pueda que nunca llegue a saberlo que la palabra tiene más vitalidad que un majestuoso podio en la Cámara de Representantes.

La astucia alcanza notable éxito sobre los muros de la conciencia. Entonces, la astucia en política solo necesita exhibir el falso contagio del verbo o de alguna imagen vendida como producto del mercado. Cuando ese verbo despoja a las ideas del pensamiento, el político concita notable hipocresía. La congresista Ocasio-Cortez no pierde detalles en que su figura sea centro de reverencia y admiración. No se permite ser una más del escenario, o es directora de primer orden o desiste de protagonizar cada escena. Todo o nada.

Y eso de «todo o nada» en Alexandria Ocasio-Cortez adquiere connotación de intolerancia o de notable reverencia hacia su persona. El 10 de julio de 2019, Dov Hikind, exasambleísta estatal Demócrata de Nueva York demandó al presidente Trump y a la congresista Ocasio-Cortez por bloqueos en *Twitter*. La querella fue depositada el mismo día que un tribunal de Estados Unidos dictaminó que el mandatario republicano Donald Trump no podrá bloquear a sus críticos en Twitter. En la demanda, Hikind citó esa decisión judicial contra el presidente. Entre los 4.7 millones de seguidores que Alexandria Ocasio-Cortez tenía en *Twitter*, Hikind fue eliminado.

En esta actitud se vislumbra el progresivo desgaste político de cualquier oficial electo. Ese mismo político en algún inesperado momento desciende por los despeñaderos de la opinión pública. En política más que en cualquier otro oficio, las calles adquieren el vertido de la algarabía, pero a su desventaja, las comunidades solo hacen reverencias a los aportes tangibles de un oficial electo. Si en algo coinciden el poder y el éxito, no sería en otra cosa que en viajar juntos en la misma barca del olvido.

Ella es nacida en el condado del neoyorquino Bronx y por los datos que he podido recopilar, no aparece que haya tenido presencia en el condado de Queens y esto indica un desconocimiento total, por ejemplo, del vecindario de Jackson Heights, donde se hablan más de 140 idiomas y registra el abanico de culturas más amplio de la nación. Allí está presente la idiosincrasia de países que traen consigo su legado cultural y sus ritos religiosos.

Cuando reflexiono sobre el sorpresivo triunfo de Alexandria pienso en un guion elaborado y practicado, hasta lograr lo más aproximado a una «realidad» disfrazada de esas imágenes que ruedan sin salirse de contexto. Por algún motivo acudo a mi larga estadía en la Unión Soviética donde viví con escepticismo otro extenso guion, escrito y dirigido desde las místicas murallas del *Kremlin*. Rusia me pareció el rodaje de un largometraje. El pueblo soviético vivía atrapado entre los postulados de aquel guion donde el silencio fungió como una muda esperanza. El derecho a la palabra pereció entre los «*gulag* o campo de prisioneros políticos de la ex Unión Soviética» y en Cuba eran concentrados en los campos agrícolas. Disentir o dar juicios jamás fueron escenas libres de aquel prolongado y traumático guion.

¿Quién o quiénes estarían detrás de ese guion que por casi un siglo dirigió la vida del pueblo soviético? Yo no tengo esa respuesta. Aun después de la estrepitosa caída de aquel régimen, el pueblo sospecha quiénes en verdad fueron los directores de ese largometraje que la historia, como dije, ha registrado como el Primer Estado Socialista del planeta. A diferencia de que en la sociedad norteamericana esos guiones tienen la ventaja o la desventaja de saberse quien o quienes manipulan desde las altas esferas del poder político.

Como también supe de primera mano que el pueblo soviético vivió bajo el peligro de la sospecha. Un vecino estaba al pendiente de qué hacia el otro; un miliciano jamás confiaba en su compañero de precinto; un médico no estaba seguro de la enfermera que le asistía y los estudiantes dormían en los recintos universitarios como piratas, con un ojo abierto y el otro tapado. La insidia encontró en aquel sistema el sombrío y ancho palacio de la delación. La superstición se apoderó hasta del simple obrero de la fábrica Solo a la caída de la Unión Soviética, el pueblo se enteró de que realmente vivía detrás de una Cortina de Hierro, dirigida por ese largometraje que la historia registra como la Unión Soviética.

Más adelante sabremos detrás de cual cortina o detrás de cuales ladrillos se oculta la agenda política de la congresista Ocasio-Cortez. Como también adelanto que el pueblo norteamericano dista bastante de lo que fuera el poder soviético.

A propósito, este vocablo «superstición» tiene muy largo alcance en la tierra americana y se le acredita al magnate Thomas W. Lawson, creador y propietario de *Amalgamated Cooper Company*, haberlo fijado en la conciencia moderna con su novela titulada, casualmente, *Viernes 13*, que trata sobre un corredor de bolsa que elige ese día para hundir a Wall Street. A diferencia de que en mi caso no tengo que hundir a nadie, pero por alguna extraña coincidencia, justo un viernes

13, de septiembre de 2019, decidí terminar este libro.

Por consiguiente, en política existen cosas ocultas; algunas saltan a la vista; otras como un molusco permanecen en el vientre de un caracol y cuando las circunstancias les son favorables pasan su esperada factura. Casi nunca se tiene un termómetro para medir la intensidad a que podría llegar un acuerdo político; sin embargo, en política lo impredecible adquiere la vitalidad de lo posible y la superstición es una herramienta que un político astuto jamás dejaría inerte en el baúl de la casualidad.

No hay manera de que la superstición impida que un guion se repita sin dejar a la intemperie sus propias huellas. En cada palabra, en cada gesto, en cada escena Alexandria deja al desnudo al autor de sus guiones mediáticos. Dígase con propiedad: la sospecha desaparece ante la presencia de aquel inesperado rayo de luz que surte el mismo efecto del corcho en una barrica de vino. La sospecha flota.

¿Qué tendría que ver todo esto con Alexandria Ocasio-Cortez?

Detrás de la congresista existió un personaje que por la frialdad de su carácter despertó en mí cierta curiosidad. Es de tez morena. En su aspecto se esconde una discreta sombra de científico. De su rostro se aprecian unos ojos fríos de reptil bajo la lluvia. Su mediana estatura confirma un cuerpo formado por una dieta balanceada. Sus rasgos lo definen perteneciente a la cultura asiática. Los espejuelos y su aspecto de guionista agregan un seductor encanto de que alguna vez estuvo en los predios de la tecnología. De su rostro apenas se desprende una leve sonrisa. Como si tratase de pasar desapercibido; pero no, su presencia concitaba la mirada de los presentes en cada reunión de trabajo. Tan pronto llegué a la campaña, supe que nada se movía sin la aprobación del personaje que luego sabría que no solo era ejecutor, ideólogo, sino jefe supremo del proyecto de Alexandria Ocasio-Cortez: Saikat Chakrabarti.

Nada, absolutamente nada, se podía hacer sin el previo consentimiento y la aprobación del guionista que era el amo del jinete, dueño del potro y del establo. Por esas conversaciones con que a veces se tienen en un trabajo de equipo, me enteré que dicho guionista era quien supuestamente habría invertido un millón de dólares en el proyecto que llevó a la boricua al Congreso. Ese personaje es Saikat Chakrabarti, exjefe de su oficina y cofundador de los PACs (Comités de Acción Política): *Brand New Congress and Justice Democrats.*

No tardé una semana para comprobar que la jefa de campaña Virginia Ramos Ríos no era más que una figura decorativa que cumplía una función estrictamente administrativa. Solo estaba allí para mover un papel de un lugar hacia otro; coordinar trabajos bajo la vigilancia y supervisión de Saikat Chakrabarti, que con apenas una mirada no tenía que decir una sola palabra. Por su falta de experiencia y por las intrigas de Saikat, Virginia se convirtió en lo que defino como una necesidad hispana en la campaña de Alexandria.

Lo peor aún estaba por venir. Al observar como Saikat Chakrabarti se movía en la campaña, confieso que a mi mente saltaron dos personajes: José Stalin, quien se encargaba de hacer los trabajos tenebrosos para Lenin; y el místico monje Rasputín que llevó a Rusia al abismo al conseguir influir al zar Nicolas II, soberano del mayor imperio del planeta. Más que a Stalin, Saikat Chakrabarti imita al indio Subhas Chandra Bose. Y de eso hablaré más adelante y dejaré al descubierto desde donde vendría ese millón de dólares con el que Saikat habría llevado a Alexandria a Washington. Quizás exagero pero tengo que ser fiel a esta premonición: un rostro casi nunca traiciona a su amo. No tardé en saber que el asiático ocultaba ese aire despótico. Intuí que yo era un objetivo al que el jefe supremo miraba sin ocultar su desprecio. A través de varias personas, me enteré de que yo podría ser un obstáculo político para los planes de Saikat, y además debo decir que él estaba en una vecindad donde su comunidad registra un ínfimo porcentaje. Tenía otras dos desventajas: no hablaba español y era desconocido en nuestro vecindario. Un elemento que pudiera haber sido decisivo para la elección de la candidata desconocida en la comunidad.

La campaña dependería no tanto de mis estrategias, sino de mis contactos en la vecindad. Y quizás por eso Saikat evitaba tener conmigo el menor roce para luego utilizar sus ulteriores propósitos contra mi persona. Estoy curtido en los trajines de la sospecha y en los aprietos mágicos de la superstición. Para algo me habría valido esa larga temporada en el intrincado mundo soviético; y algo habría absorbido de la elegancia con que los norteamericanos manejan situaciones complejas. Creo que en mí prevalece ese instinto nato de rastrear la sospecha. Dejé que Saikat Chakrabarti jugara sus propias cartas sobre la mesa: las mías ya estaban marcadas y en algún momento las jugaría a mi estilo.

Jamás me he apresurado a mover una pieza por caprichos. De los rusos aprendí que nada surte el mejor efecto que el tiempo. De los norteamericanos sigo el arte sagrado de la paciencia. En política me muevo bajo los fríos cálculos del francotirador: trato de no dejar hilos sueltos. Suelo mostrar esa apariencia díscola con que la gente no solo se confunde sino que me subestima. Además de ser millonario, Saikat es egresado de la prestigiosa Universidad de Harvard. Quizás ahora se entere, si es que él y Alexandria llegan a leer este libro, que los hispanos también venimos a Estados Unidos en búsqueda de esas grandes oportunidades de esta gran nación, símbolo del progreso y las libertades públicas.

A las pocas semanas de que Alexandria Ocasio-Cortez fuese juramentada como congresista tuve la confirmación exacta y precisa de quién era Saikat Chakrabarti y cuál era su misión detrás de esa cortina ideológica. Aun faltan algunos puntos por aclarar; sin embargo, ratifico que el Distrito 14 tiene un 50% de hispanos y muchos de ellos no se enteran de los asuntos políticos por las redes sociales. Mi argumento estuvo sustentado en que Ocasio-Cortez era totalmente desconocida. Reitero que su oficina de campaña estaba totalmente controlada por asiáticos a los que supongo son musulmanes que no podían comunicarse en español. Esto explica la contratación de Virginia Ramos Ríos y luego mi participación en el proyecto.

Tres semanas antes de las Primarias Demócratas, Saikat Chakrabarti volvió a hacer uso de su músculo de jefe político: ordenó a Virginia a que despidiera a varios hispanos y algunos afroamericanos que por motivos de posibles represalias omito mencionar sus respectivos nombres. Ellos me consultaron para demandar a la campaña de Alexandria. Les dije que ese proyecto era innovador y que ellos aun tenían un largo camino por delante en asuntos políticos. Por experiencia ya comprobada, cualquier situación legal en un proyecto político trae consigo consecuencias que en algún momento son facturadas.

Así funciona la política.

Saikat volvió a sacar otro as de la manga. Trajo a Naureen Akhter, otra asiática que fungía como directora de enlace comunitario durante la campaña. Ella es cofundadora de un grupo musulmán progresista y bloguera de alimentos. Además era propietaria de la empresa *Kitchen3N* y tan pronto triunfó la congresita Ocasio-Cortez, fue nombrada directora de organización de la oficina.

La oficina de la congresista Ocasio-Cortez es aun escenario de un sinnúmero de controversias y tropiezos; ella tendría que darle serias explicaciones no solo a la comunidad judía del estado de Nueva York sino a toda la nación y por supuesto, al estado libre y soberano de Israel. Esas repetidas declaraciones de la congresista Ocasio-Cortez relevan que carece de experiencia y de un limitado conocimiento sobre la comunidad judía en Estados Unidos. Más bien, ella debería estudiar la historia del estado de Israel y la tragedia de los palestinos. Desconoce que los judíos son una de las comunidades más perseguidas y sufridas que registra la historia. Y esto jamás haría una distinción hacía otras comunidades; pero, la joven congresista debería ser más comedida y evitar controversias estériles sobre una determinada comunidad. Estados Unidos, más que cualquier otro país, es una nación de comunidades, un mosaico de etnias.

El exsenador Hiram Monserrate me contó que a pocas semanas de que Alexandria Ocasio-Cortez fuera juramentaba como congresista, él tuvo que pedirle a un reconocido amigo judío, presidente de una cámara de negocios judíos para que ella limara las asperezas con la comunidad judía. Ella acudió a la cita en compañía de Colvin Tren, su encargado de prensa, a fin de apagar el fuego por comentarios ya vertidos que ofendieron y siguen ofendiendo a la comunidad judía. Ella fue recibida por varios miembros de dicha cámara con el propósito de evitar más enfrentamientos inapropiados y sin que fuera necesaria una disculpa pública. En nada ha cambiado la posición de Ocasio-Cortez frente a la comunidad judía.

Para esas mismas semanas contacté a Victory Schneps, conocida empresaria de medios de prensa en Queens a fin de promocionar mí libro, *La sorpresa demócrata* y ella no tuvo reparos en hacerme saber que ella misma y la comunidad judía de su vecindad, estaban muy molestos por esos comentarios de la joven congresista.

Desde entonces, pienso que podría resultar contradictorio acudir a un supuesto socialismo democrático para defender una determinada ideología desde una alta posición política con que se representa, en este caso, un distrito del Congreso Federal, conformado por una vastísima diversidad étnica. Es irónico promover una agenda socialista en un país capitalista donde cada trabajador tiene que vender su fuerza de trabajo y luego se le trate de convencer con esa falsa idea que todos los servicios públicos serían gratuitos. No sé si pudiera definir esto como hipocresía, ignorancia o cinismo. Si algo habría hecho grande a esta nación de inmigrantes, no sería otra cosa que en su estructura social, política y económica, se defienda el sustento de cada familia. Como dice la gente sencilla del pueblo americano: «*Food on the table*». Es muy lamentable tener que escribir estas líneas a cualquiera que ejerza el oficio de la política en Estados Unidos.

El buen servidor público entiende que la sociedad norteamericana está conformada por una vastísima complejidad social donde convergen culturas y razas del más apartado rincón del planeta. América exige ser vista con un balance emocional y pragmático. América tiene los brazos abiertos para aquellos que sí amamos la libertad, el progreso y el libérrimo respeto a los derechos civiles y humanos. América no se permite que nadie esté por encima de su espíritu de Tierra Prometida.

Tal fue presencia en Queens de Tiffany Cabán, otra desconocida que enfrentó a Melinda Katz, presidenta del condado para Fiscal de Queens. La candidata Cabán no tuvo la misma suerte de Ocasio-Cortez. Cabán vino también a nuestro vecindario disfrazada de caperucita. Virginia Ramos Ríos fue enviada como jefa de campaña y con este artificio Ocasio y Chakrabarti evadieron nombrarla en Washington, tal como correspondía.

Tan pronto comprobé que esa minoría musulmana tenía control y dominio del Proyecto Ocasio-Cortez, sostuve una conversación al respecto con Virginia Ramos Ríos y le dije que yo estaba muy arrepentido y a la vez decepcionado y que esa campaña me parecía una especie de «secta ideológica». Naturalmente que Virginia tenía que defender su trabajo y pegó un grito al cielo, pero esos gritos y su semblante totalmente desconcertado me dijeron que ella ya no podía tapar ese mismo cielo con un dedo.

A partir de entonces me retiré de la oficina de campaña. Esperé a que llegaran las elecciones de noviembre para terminar el compromiso con que llevamos a Alexandria Ocasio-Cortez al Congreso, a quien defino como rehén de esa misma minoría. No hay manera de que la congresista se desprenda aun de la sombra de Saikat Chakrabarti.

«No hay nada inherentemente noble en proteger un status quo que no atienda las necesidades de los estadounidenses de clase trabajadora».

—Alexandria Ocasio-Cortez

$$-4-$$

A pocos días de las elecciones de medio tiempo de noviembre de 2018, Bilar Tahir, *canvassing director*, (director de votaciones), me citó a una reunión y me dijo que el equipo de campaña le había ordenado a que solicitara mi ayuda para que la aspirante Ocasio-Cortez aumentara sus votos en esas elecciones. Naureen Akhter propuso que Ocasio-Cortez debería obtener 100.000 votos. Mi respuesta fue directa:

«Solo podría ayudarlos si ustedes sacan una publicidad de Ocasio-Cortez conmigo; de lo contrario no cuenten más con mi apoyo».

A la semana siguiente le pregunté a Bilar qué habían decidido sobre mi contrapuesta: «El equipo de campaña se reunió y dijo que no». Así comprobaría que a Ocasio-Cortez para nada le interesa la comunidad hispana. Agréguese que aun después de que Ocasio-Cortez ganara en esas primarias, yo tuve que contactar personalmente los Centros de Ancianos para que recibieran a su coordinadora de campaña, Naureen Akhter y hacer contactos para su primer evento en el Club Hermanos de Queens. En ese evento Ocasio-Cortez me pidió que la encaminara hacia la entrada del Club, ubicado en la calle 103 de Corona. Así acordamos. Al momento de caminar con Alexandria Ocasio-Cortez se nos acercó Daniel Bonthius y me dijo: «Ramón, tú no puedes estar ahí; ese es mi lugar». Desde ese mismo momento supe que, efectivamente, la aspirante Ocasio-Cortez tenía guardaespaldas propios. De esa manera entendí que Daniel Bonthius se había convertido en un pulido extra de los guiones de Ocasio-Cortez.

Esto no quedó ahí. Al término del evento en el Club le dije a Ocasio-Cortez que los peluqueros que estaban al cruzar la calle le habían organizado una sorpresa. La respuesta de Virginia fue que para cruzar la calle hacia donde la esperan dichos peluqueros, Ocasio-Cortez «necesitaba seguridad». La ridiculez ya había tomado suficiente fuerza en el proyecto de Ocasio-Cortez.

En aquella misma tarde, Daniel Bonthius

volvía a surtir su efecto de guardaespaldas, como también afirmo que en la campaña de Alexandria Ocasio-Cortez había también jóvenes radicales blancos que veían con desprecio la participación de los hispanos. Ocasio-Cortez se siente más gringa que hispana.

De jefe de campaña, Virginia pasó a ser una ayudante más del equipo de Alexandria Ocasio-Cortez. Quedó relegada a funciones administrativas y sin jerarquía. Mientras que Bonthius sí facturó bien su encargo. Además de guardaespaldas, Bonthius es quien maneja la agenda de la flamante congresista Ocasio-Cortez.

El 8 de noviembre, justo a los dos días de haber finalizadas las elecciones de medio término, me apersoné a la oficina de campaña y le entregué a Virginia Ramos Ríos la llave del local y una carta donde yo definitivamente me desligaba del proyecto de la congresista.

Cuando salía de la oficina de campaña entraba Saikat Chakrabarti. Aun no sé por qué recordé mi larga estadía en Rusia. Durante mis repetidas vacaciones en San Petersburgo, cuna de la Revolución Bolchevique y luego símbolo de la lucha contra la invasión nazi, oía decir que el zar Pedro el Grande logró construir dicha ciudad con la imprescindible ayuda de un judío al que mantuvo en secreto y que a su vez era experto en finanzas. Esa información es todavía un misterio. Eso explica la destreza y la astucia del Zar por haber reconocido esa austeridad que por siglos se les acredita a los judíos en administrar recursos y dinero. Más que todo, honestidad. Yo diría, si es que es aceptable el término, discreción ancestral.

Durante siglos, dicha ciudad ha celebrado la proeza innovadora del Zar y festeja la magia eterna de sus noches blancas a orillas del estratégico río Neva y de los canales que hacen de San Pertesburgo la «Venecia del Norte». Sin embargo, no se tiene certeza de que el Zar haya quebrado aquel supuesto secreto o que al judío se le acreditase algún escándalo durante los manejos de recursos para la construcción de esa emblemática cuidad. Dudo que Saikat sea poseedor de las virtudes de aquel judío financista del Zar Pedro el Grande.

Saikat sabe que Delaware lidera el país en todas las maneras posibles sobre materia legislativa para crear una sociedad comercial. Delaware alberga más empresas que personas. La División de Sociedades en Delaware es una de las más eficientes del mundo. El proceso de documentos es rápido y con tarifas razonables. Delaware, a diferencia de los demás estados de Estados Unidos, posee un tribunal único denominado Tribunal de Equidad. Este tribunal, que tiene sus orígenes en los fundamentos del derecho consuetudinario británico (*Common Law*), resuelve casos legales entre las empresas más grandes y sus accionistas, y el resto del mundo. Asimismo, las empresas de Delaware no son costosas de mantener y las sociedades anónimas pequeñas pagan solamente alrededor de 100 dólares en tarifas estatales anuales. Las LLC, independientemente de cuánto crezcan, pagan solamente 250 dólares en impuestos de franquicia anual. Las empresas de Delaware sin presencia en el estado no pagan el impuesto sobre el ingreso de Delaware, pero deben tener un representante autorizado en el estado.

En esa especie de paraíso fiscal, totalmente legalizado, Saikat estableció los dos PAC en dos compañías de responsabilidad limitada de Delaware con un $1 millón de dólares:

«En mi experiencia de más de 30 años en trabajos políticos, he visto muy pocos aspirantes que se postulan por primera vez que hayan colectado un $1 millón de dólares; no es imposible; pero es muy raro», dijo Mike Nieves, reconocido consultor y estratega político de Nueva York.

Por tanto un grupo conservador no demoró en depositar una querella ante la Comisión Federal de Elecciones (CFE), alegando que las contribuciones monetarias de la congresista Ocasio-Cortez no fueron manejadas de manera adecuada.

David Mitrani, abogado de la congresista afirma que los PAC, las LLC, y la campaña de Ocasio-Cortez y su exjefe de personal, «cumplían plenamente con los más altos estándares éticos». Mientras que los defensores de Saikat Chakrabarti alegan que él es un objetivo de la derecha.

Existen indicios comprometedores de que supuestamente Chakrabarti no cumpliera con los requisitos de presentación de informes, y que pagara a su compañía con donaciones de campaña de los PAC que tenía. Este joven millonario recaudó fondos para los políticos novatos, incluida a Ocasio-Cortez y con dichos fondos venció a Joe Crowley, quien desde 1998 estaba en la Cámara de Representantes, y se hubiera convertido en líder de la mayoría demócrata en el Congreso si salía electo.

De inmediato Fox News alertó que Ocasio-Cortez y Chakrabarti podrían ir a la cárcel por estas violaciones, aunque los oficiales de la CFE desestimaron esas predicciones tan terribles y explicaron que tales acusaciones solo podrían llevarse a cabo si es que se probara que la queja tuviera méritos y los supuestos conspiradores a sabiendas e intencionalmente hayan violado las leyes de financiamiento de campañas.

Dudas sobre la mesa: Desde entonces, supimos que la congresista Ocasio-Cortez, además de tener su propio guionista para promover a su estilo el socialismo demócrata, detrás de su cortina ideológica se ocultaba un reconocido multimillonario que sí le habría cubierto su espalda con un millón de dólares.

Millonario bajo fuego: Saikat Chakrabarti nació y se crió en Fort Worth, Texas. Asistió, como por ahí dije, a la Universidad de Harvard, donde se graduó en 2007 con una licenciatura en ciencias de la computación. Trabajó en *Wall Street* y durante ocho años seguidos laboró en *Silicon Valley*. Es creador y fundador del diseño Web *Mockingbird y* en 2015 abandonó todo para unirse a las primarias de la candidatura presidencial del senador Bernie Sanders, donde se convirtió en Director de Tecnología y Organización de la campaña y creó la tecnología para que los partidarios de las bases colaboren en la organización de eventos. Jamás hubiese imaginado el senador Sanders que su discípulo, egresado de Harvard, hiciera arreglos turbios con las LLC de Delaware; como también el mismo Sanders debiera estar asombrado cómo Ocasio-Cortez repetía esos guiones mediáticos de su jefe de personal. Doy testimonio de que el senador Bernie Sanders se enteró de la existencia de Alexandria aquella misma medianoche del 26 junio cuando la joven puertorriqueña se convirtió en lo que todos sabemos: en la sorpresa demócrata. Como también fui testigo presencial de los ingentes intentos con que los principales encargados de la campaña de Ocasio-Cortez hicieron para que Bernie venga a caminar las calles del Distrito 14 con la joven aspirante, asunto que nunca ocurrió.

Por supuesto que Saikat no es un guionista del Bollywood de Bombay, tampoco un paria de una barriada del Punjab. Además de haber sido jefe de personal de la congresista Ocasio-Cortez, es notable, como dije por ahí, como admira a Subhas Chadra Bose, un nacionalista indio disidente, reconocido por Adolf Hitler como el líder del Gobierno de la India Libre. A cambio, Bose reclutó a decenas de miles de hombres indios para apoyar la invasión japonesa de la India británica en 1944 y ayudar a combatir a los británicos en Europa por Hitler. Bose creó un regimiento del Servicio Secreto como si fuera en Alemania. También transmitió propaganda para Hitler en una red de radio creada por el mismo Bose para alentar a los indios a luchar por la libertad. Bose se reunió con Hitler en Alemania en 1942.

El escándalo se publicó porque Saikat Chakrabarti ya no es un simple millonario sino que era exjefe de personal de una congresista en Washington y es preocupante que vista la misma camiseta con un colaborador donde está la imagen de Bose. Se le ve vistiendo la camiseta verde en un video que se emitió en diciembre de 2019 en *Now This News* sobre el sorpresivo triunfo de Alexanria Ocasio-Cortez en el Congreso.

En febrero de 2018, Chakrabarti apareció como invitado en *Bloomberg Business News* para aclarar el papel de la congresista Ocasio-Cortez en la decisión de Amazon, Inc. de retirar su Oficina de Negocios que había planificado en Long Island City, Queens, diciendo que ella se oponía porque solo había recibido un acuerdo original del trato, pero sin los propósitos específicos de la empresa. Afirmó que su jefa exigía ver a la comunidad local más involucrada en las discusiones, pero una vez que los líderes de la comunidad se unieron a la discusión, Amazon tomó la decisión de retirarse. Chakrabarti explicó que Amazon sería bienvenida a volver a la mesa de negociaciones con la condición de que la empresa se relacionara adecuadamente con las comunidades locales que según él podrían verse afectadas por el proyecto.

Esta comparecencia se podría interpretar algo así como una defensa aclaratoria; sin embargo, meses después acontecieron ulteriores propósitos que Ocasio-Cortez jamás habría imaginado, pero que pusieron al desnudo la ambición política con que su representante no solo llamó la atención de Jeff Bezos, presidente y propietario de Amazon, Inc. sino que logró congraciarse con uno de los millonarios más ricos del planeta. Los alfiles en asuntos políticos tienen mayor movilidad cuando a su paso encuentran abiertas las puertas de la inexperiencia. Con sus comentarios en *Bloomberg Business News* él en poco tiempo logró que el *New Deal Green* fuera visto como un engaño. Sintió que perdía control porque ya su jefa había ya conquistado la bancada progresista del Partido Demócrata y llamaba la atención de los más altos empresarios de la nación. Existe la posibilidad de que él presionara o convenciera a la joven congresista a que le permitiese exhibir su habilidad de negociador ante los ojos escépticos del magnate Bezos. De tal modo creyó haber puesto como una de sus dianas a la poderosa empresa de Amazon. Y así ponía ante los ojos de la nación su disfrazada agenda socialista en aparente disputa con la economía capitalista. Y esto lo traduciría en solidas recaudaciones de esas grandes corporaciones a las que Alexandria Ocasio-Cortez de manera contundente se opone.

En política es tan peligroso ser selectivo como alejarse de la fuente del éxito. Ella, contra todos los pronósticos, llegó a ocupar un escaño en la Cámara de Representantes; y él con notable habilidad sigue recaudando esos fondos aparentemente poco significativos para la clase conservadora. Aquí lo que está en juego es ponerle a ese supuesto Socialismo Democrático nuevas vestimentas donde pueda codearse con el sistema capitalista. Podría ser que Ocasio-Cortez se resistiera a que su exjefe de personal moviera las piezas de su propio ajedrez político. En vez de fungir como estratega de primera línea, él dejó al desnudo que es un astuto y frío esgrimista detrás de la cortina.

Saikat Chakrabarti pudiese estar inspirado en un moderno Cid Campeador que desde su propio castillo aun observa a su antigua jefa como una sierva atrapada en la fascinación del caudillo que habría apostado a sus virtudes de jefe plenipotenciario que sin mirar sí el tren asomaba o pasaba de la plataforma, lanzó una serie de comentarios contra Sharice Davis, congresista por Kansas. «No creo que el punto siga en pie. No creo que las personas tengan que ser personalmente racistas para permitir un sistema racista. Lo mismo podría decirse de los demócratas del sur. No creo que sea una persona racista, pero sus votos demuestran que permite un sistema racista». Al llamarla por su primer nombre rompió una norma protocolar que es el trato con reverencia a un representante en la política estadounidense por su honorabilidad.

En consecuencia, la respuesta del congresista demócrata por Nueva York Hakeem Jeffries fue lapidaria: «¿Quién es este tipo y por qué está señalando explícitamente a una mujer de color nativa americana? Su nombre es la congresista Davis, no Sharice. Es una nueva representante fenomenal. Mantenga su nombre fuera de su boca». Estos ataques provocaron una tormenta de críticas de otros demócratas, a tal grado que insinuar que Davis es racista, o permite el racismo, es ofensivo e inapropiadamente equivocado. La congresista Ocasio-Cortez no tuvo más que enviar una disculpa en su nombre por el resto del personal y por supuesto que incluyó a su poderoso empleado.

«No hay nada que me impida estar
financiada por dinero de la industria
de los combustibles fósiles, empresas
sanitarias y grandes farmacéuticas,
nadie podría evitar que comprara
el silencio de terceras personas que
pudieran perjudicar mi campaña».

—Alexandria Ocasio-Cortez

—5—

En ninguna actividad del género humano como en política, la subestimación paga tan alto precio. Y poner entre comillas la capacidad o la intuición femenina es arriesgarse a que las cremalleras del tiempo perezcan desdentadas; o el tren podría llegar a su plataforma final solo seguido por el eco de las hojas. Es muy peligroso cuando un empleado asume que está por encima del aparato burocrático; sin embargo, los demócratas con o sin la ayuda de los estrategas y consultores enviaron a la boricua Alexandria Ocasio-Cortéz al Capitolio. Como si por ahí rezumara la voz de François Mitterrand: «lo que cuenta es el poder». Ocasio asume que el poder es veleidoso, caprichoso y enigmático, pero sí hay que aplicarlo justo cuando las agujas del reloj confirman que es inminente la despedida del sol. Si alguna habilidad tendría ella desarrollada, no sería otra que haber seguido con minuciosidad a su exjefe de personal.

En alguna esquina, la diversidad étnica y la hemiplejia de los estereotipos podrían darse las manos. Esta hipótesis, al parecer un tanto descabellada, podría ser una ficción que supera una realidad que se repite en América. ¿Quién no se ha mirado en el complejo y difuso espejo de la diversidad étnica? ¿Quiénes o mejor dicho cuantos no han sido víctimas o señalados por el dedo infame de los estereotipos? Entonces, podría decirse que el estereotipo tiene más víctimas en Estados Unidos que el alcoholismo y el cáncer de manera conjunta. Creo que solo lo supera la envidia. La diversidad étnica es el caldo de cultivo donde más se fomenta esa especie de desprecio, ese rechazo hacia los que cargamos el delito de ser vistos por los ojos de una supuesta superioridad. El desprecio y el estereotipo están exentos de toda frontera geográfica porque el espíritu de ambos se fermenta en la hemiplejia étnica.

Visto a través de un cristal optimista y posiblemente alejado de todo prejuicio, se podría deducir u observar que en los convenios y trabajos políticos entre Ocasio y Chakrabarti, pudiese existir algún choque de culturas; un posible enfrentamientos de hábitos y lo que haría más complejo, la relación jefa-empleado en asuntos jerárquicos y en la ejecución de un determinado proyecto que pudiera ser objeto de estudios con cautela y moderación. Existe, quizás, la contrapropuesta del estratega que aspiraría a tener un liderazgo político que pudiera estar sustentado por los conocimientos de tecnología. Se podría ser eficiente y exitoso en un oficio pero en otro podrían no estar dadas las condiciones para brillar en la tempestad. En la política, la lucidez está marcada por los implacables celos de la naturaleza humana. Estar presente o ser parte de ese dilema entre el poder y la gloria se requiere despojarse del vértigo de la envidia, esa vieja aliada de la avaricia. La religión no dejaría aportar o imponer su antorcha para arrojar su propia luz. La veleidad y los caprichos no dejarían de apostar al póker de la superstición. El comedimiento es la fruta mejor cultivada en América; mientras que la cultura otorgaría un complejo mosaico de hábitos y tradiciones; el espacio que separa a una persona de otra es un muro que al cruzarlo se requiere de tacto y discreción. Nadie a simple vista se arriesgaría a quebrar un ladrillo de ese enorme edificio donde América pasa balance a la equidad, la razón, la fe, y la religión con que mantiene vivo su espíritu de Tierra Prometida.

En América no germina el espíritu del dictador, tampoco se propaga la semilla del caudillo. Ahora que dispongo del mérito de la distancia para reflexionar sobre el comportamiento de que Saikat, no solo con Alexandria sino con otros miembros del equipo de campaña, aparece en mi memoria aquella imagen del caudillo que languidece en los nubarrones de la historia de América Latina; pero, esa figura resplandece en el tejido social y económico de los países árabes y asiáticos. Sin más, presiento que por el hecho de que Saikat hubiese invertido cuantiosos recursos, tanto económicos como de tiempo y aportes técnicos, podría sentirse, en cierto modo, con algún derecho a interferir, dirigir o lo que sería más delicado o comprometedor en América, no aceptar en este caso que Ocasio a *motu propio* tomase algunas decisiones políticas.

Más que un experimento, o un ensayo democrático, pienso que en los planes de Saikat, Alexandria haría el rol de Caballo de Troya con que él impondría su propia agenda, ya descubierta por gran número de los oficiales electos demócratas que a tiempo salvaron a su colega del millonario con ínfulas de caudillo.

Estos últimos tres párrafos me conducen a una profunda reflexión y podría ser la punta del iceberg de este libro y lo que sería mucho más arriesgado es que me he propuesto des-

pejar el pensamiento del ruido pecaminoso de
la palabra. Para ventaja de los que asumimos
el ejercicio de la palabra como un oficio de
lealtad, como un oficio de solidaridad, como
una actitud eminentemente ética y sin dejar
que fluya lo mucho o lo poco de aires artísticos,
tenemos en algún momento que blandir esa
espalda. Como también jamás permitiremos
que el moho o el óxido castiguen esa misma,
ya sea por una tregua inoportuna o que perezca inerte en su propia tumba. No existe la menor intención de esgrimir aquí una defensa,
como tampoco el uso de la palabra como instrumento de venganza. Pero, si los tiempos del
silencio y de la muda aprobación de la infamia
exigen de una inevitable repuesta. Como si no
hubiese espacios para la menor tregua, como
si el tiempo del reloj de arena fuese una inerte metáfora. El silencio dejó de ser una actitud
redentora. Solo nos queda el reducido límite
del tiempo para despejar a la verdad de la pe-
sada niebla del escarnio. A favor de la mentira,
de la insidia y la infamia existe el más amplio
escenario de la soberbia.

Así pues, intento insertar o invitar a este
escenario a esa mayoría o minoría que en esta
nación sigue el ruido de la prensa; esa misma
minoría que en los trenes urbanos y subte-
rráneos abre las páginas de un diario o mira

la pantalla de su móvil para leer de reojo eso que se vende como el más nocivo alimento de la opinión pública. En algún momento de su vida o en alguna congestionada esquina, esa misma minoría se escuda en la cotidiana frase con que cada ciudadano de la clase más alta o baja estirpe en algún momento de impotencia, habría no solo pronunciado sino repetido a todo pulmón y con boca más abierta que un buzón de calle: en América nadie está por encima de la ley; tampoco nadie está exento de ser investigado.

En los tejidos sociales de las comunidades existe una especie de sanedrín secreto que sin algarabía y sin estruendos sensacionalistas de los medios de prensa, pasa su propio balance a esos hechos que al parecer estarían olvidados, pero que la gente mantiene a la hora de ejercer la libre expresión del voto popular. Y esto, en cierto modo, podría explicar porqué la progresiva apatía del votante registra una progresiva abstención en cada certamen electoral.

Si en medio de la apatía del votante surge o existe algún indicio de corrupción o alguna investigación en curso, entonces el cuestionamiento hacia ese oficial electo se hace inminente y la prensa invierte tiempo y recursos, no tanto para cuestionar alguna irregularidad, sino para hacer del morbo desatado un lucrativo negocio. Tal como hemos dicho, las agencias federales aun no habrían desistido de una investigación sobre malos manejos de dineros en que aparece Saikat Chakrabarti; a este tipo de situaciones la periodista estadounidense Jane Mayer en su libro las define como *Dark Money*. Es de conocimiento de las autoridades que él, como ya hemos dicho, ganó millones de dólares en la industria de la tecnología y fundó dos PAC y a través de ellos, según las presentaciones a la Comisión Federal Electoral desvió más de un $ 1 millón de dólares, repetimos, en contribuciones políticas en dos empresas privadas que también poseía.

Hasta aquí no habría nada nuevo, y hasta algunas cosas podrían estar repetidas, pero lo que sí podría ser interesante es que las autoridades federales tengan habituado a los estadounidenses a que sus investigaciones nunca sean realizadas al vapor ni mucho menos por algún espasmo jurídico. Los ingredientes políticos que son manejados de tal manera que los expertos en asuntos de leyes, siguen cualquier querella no solo por la magnitud de los acusados sino por el nivel de las personas involucradas.

Tanto en los enredos políticos como en cualquier investigación una hipótesis nunca sobra; o lo que sería un poco más atinado, es que en cualquier marco jurídico, todo podría suceder cuando la hojarasca se despegue. Esa misma hojarasca a veces suele hacer la función de la cáscara de un árbol al que sigilosamente se le deja al desnudo las grietas y la deformidad de la corteza. Un árbol jamás permitiría que alguien tocara sus ramas; estas harían un plebiscito con las hojas; las raíces responderían al agravio en la profundidad de la tierra; ellas usualmente se retuercen y se mueven hasta formar un preventivo pacto de defensa. Una investigación se apodera del bisturí con que hace discretas cirugías a la corteza y se aleja del experto leñador que concentra su fuerza técnica en un punto fijo del tronco. Investigar es conocer el Árbol, desde su misterio, sus caprichos, y su mundo, hasta algún producto final. Nunca se podría conocer en su totalidad ese mundo enigmático y complejo que rodea al Árbol.

Siendo así, que sucede cuando la celosa, sustancia sólida, blanca, inodora, amorfa, sin sabor e insoluble en agua y alcohol, produce las páginas del periódico en cuya portada aparece *Indictment*, palabra a que tanto teme un servidor público en funciones; o que haya renunciado; o que disfrute de un confortable retiro en alguna isla del trópico. En los asuntos administrativos en que se incurre en manejos de fondos públicos, ya sean aportados por las entidades gubernamentales o recaudados a través de contribuciones, las autoridades tienen el ojo encima. Tan poco faltan fiscales especializados en rastrear informaciones para sin pérdida de tiempo hacer un *Imdictment*, que en definición de los juristas expertos es una acusación formal de un delito grave, emitido por un gran jurado que basa sus cargos en los testimonios de testigos, y se ampara en las pruebas presentadas por el fiscal (Fiscal del Distrito correspondiente). Los expertos aclaran que es determinación del gran jurado de que haya suficientes pruebas de que el acusado cometió el delito que se le imputa para justificar que un gran jurado vote en un juicio.

A todo esto, ese mismo gran jurado no toma una determinación de culpabilidad, sino solo la probabilidad de que se haya cometido un delito, y que la persona acusada lo haya cometido, sea él/ella que deba ser juzgado. Los fiscales de distrito no tienen que presentar un caso completo al gran jurado, pero a menudo solo muestran los hechos clave y suficientes para mostrar la probabilidad de que el acusado realmente haya cometido un delito.

«Nadie puede evitar que compre el silencio de terceras personas».

—Alexandria Ocasio-Cortez

$$-6-$$

Casualmente, el 19 octubre de 2010 en Corona, Queens, una porción del Distrito 14 que la congresista Ocasio-Cortez representa en el congreso, el exconcejal Hiram Monserrate fue acusado por haber usado más de 300.000 dólares a través de *Latino Iniciative for Better Resources and Empowered* (LIBRE), una entidad sin ánimo de lucro convirtiéndola en una «alcancía» política con la que logró ese mismo año convertirse en el primer Senador latino de Queens en el Senado Estatal de Nueva York. La fiscalía no estableció qué cantidad de dinero se le habría dado uso legítimo. Para que nuestros lectores puedan observar cómo se manejan la fiscalía y el gran jurado, consideramos de lugar aclarar qué dijo el fiscal federal que estuvo a cargo del caso del exsenador estatal Hiram Monserrate: «Todavía estamos en el proceso de buscar información y calcular cosas».

Monserrate fue acusado formalmente y luego condenado a pasar dos años en una cárcel federal; pero como su carrera política sigue marcada por un síndrome de repetidos escándalos, no tardó en ser acusado por violencia doméstica, hasta que este último vergonzoso acto lo convirtiera en el primer Senador expulsado del Senado Estatal de Nueva York en los últimos 90 años. De tal manera que en política Hiram Monserrate es un zorro, aunque en el mundo de las féminas es miembro activo del ejército lascivo que los estadounidenses llaman *Horny*.

Hasta aquí parecía el drama de un llanero solitario en la fauna política de Queens. La política, noble actividad que alguna vez fue ciencia y arte ha sido convertida en huerto donde germinan, crecen y se desarrollan una variopinta de especímenes que degradan la esencia humana. Ya no sorprende cualquier acto en que incurra un servidor público elegido por el voto democrático. Como si la capacidad de sorprendernos se hubiera perdido en el valle de los escándalos; como si ya nada nuevo hubiera bajo un sol agotado por los desmanes del político a plena luz del día.

Hace ya mucho tiempo que un político dejó de ser un genuino representante de la sociedad, para enlistarse en el más nocivo y letal depredador del erario público.

Y, justo en el patio desde donde salió electa Alexandria, la sociedad de Queens cuenta uno de esos raros y cuestionados especímenes que de manera soterrada aportó más que cualquier otra persona para que ella destronara al congresista Joseph Crowley, quien por décadas fue precisamente el mayor obstáculo a los planes corruptos del exsenador Hiram Monserrate. Y por eso, en alguna parte de este libro dije que la aspirante Alexandria Ocasio-Cortez no estaba consciente y asesorada de la magnitud de la hazaña que había emprendido. No creo que conociera los enredos de los demócratas en el condado de Queens. Quizás por tal situación, aunque de manera indirecta, Ocasio-Cortez, recibió ayudas y accesorias a través de Virginia Ramos Ríos del exconvicto y exsendador Hiram Monserrate, quien apoyó a la joven aspirante. Durante el debate en el *Jewish Center of Jackson Heights*, el congresista Crowley no se contuvo en acusar a la joven aspirante demócrata de haber recibido tales ayudas de un exconvicto y se las enrostró en un auditorio repleto de constituyentes en su mayoría del Distrito 14 del Congreso.

El exsenador Hiram Monserrate siempre ha creído tener dominio de los estribos y el control absoluto de su montura. Y casi nunca pierde la menor oportunidad para mover sus tentáculos de pulpo obstinado en sacar la mayor partida. Siempre olvida que en algún momento un trozo del pastel podría convertirse en un escarnio o en esa sombra que carga el político hasta su tumba. En tales personajes solo cuenta la tajada depositada en su archivo y de la arena que carga el río la porción con que levanta su nefasto castillo. La comunidad de Queens ya está cansada de la conducta del exsenador Monserrate, quien movió cielo y tierra para que en 2009, Julissa Ferreras-Copeland, quien era jefa del personal de su oficina, alternara como presidenta de LIBRE, y luego ocupara el puesto de concejal por el Distrito 21, que él mismo había dejado vacante al ser electo Senador estatal por el estado de Nueva York. Desde muy temprano, su padre Julio Ferreras, un siniestro personaje del bajo mundo deportivo de Corona, adiestró a su única hija en cuantos líos fueran posibles en política, hasta que en 2014, Melissa Mark-Viverito, expresidente del Concejo Municipal la «bendijo» como jefa del Comité de Finanzas del Concejo Municipal de Nueva York.

Durante esa misma campaña de 2009 en

que Julissa Ferreras salió electa con un arrollador 98.8% que equivalió a 2,216 votos sobre su más cercano rival, Francisco Moya con 1,191 y su lejano contendor, Eduardo Giraldo con 639, Hiram Monserrate me citó a su apartamento de Jackson Heights, donde supuestamente él le habría cortado la cara a su novia Carla Giraldo, a una reunión en que estuvo presente Wayne Mahlke, uno de sus exjefes de personal y me pidió que apoyara a su «discípula» Ferreras. Ella estaba sentaba frente a mí y la miré fijo a sus ojos grandes, ya cubiertos de una leve capa de hipocresía, le dije: «Julissa eres hija de Julio Ferreras, no creo que nada bueno pudiera venir de tu persona; y de lo único que sí estoy más que seguro, es que tu terminarás metiendo a la cárcel a Monserrate; pero él tiene que pagar por su ignorancia política». Julissa permaneció tan fría como una culebra bajo la lluvia. Recuerdo como aquel rostro lloroso fingiera una remota serenidad, volví a mirarla a sus ojos, ya vidriosos: «tranquila, mi apoyo te sobra».

Bajó la sombra de Monserrate, Julissa convirtió a LIBRE en una alcancía de su familia. Ella y su madre Josefina Ferreras-Peláez, firmaban cheques y entre ellas mismas y al mismo tiempo esos mismos dineros eran destinados a las organizaciones *Dominican USA Academy, y*

Queens Dominican Baseball Tournament, entidades deportivas bajo y dominio absoluto de su padre, quien fue denunciado por vender las boletas de los *Mets* que él recibía gratis para los niños de Corona. No conforme con repartirse los dineros de fondos públicos entre su familia, la exconcejal Ferreras falsificó varias veces la firma del exsargento Charlie Castro, quien fuera uno de los directores ejecutivos de LIBRE.

En 2017, Julissa Ferreras-Copeland anunció que no aspiraría a la reelección para lo que sería su último periodo y lo que fue aun más sorprendente: retiró también sus aspiraciones para presidente del Concejo Municipal cuando tenía todas las posibilidades de salir electa. Los entendidos alegan que habría evitado enfrentare por el mismo Distrito 21 a su antiguo exjefe que había cumplido condena de dos años por malversación de fondos públicos. Así, la hija de Julio evitó batir el lodo de su organización LIBRE durante una contienda que vislumbraba remover nuevamente el pus político del sector de Corona.

Hasta aquí parecería el juego de dos cartas: una que pierde y otra que gana. A tanto que por ahí se cuela una frase del expresidente dominicano Juan Bosch (1909-2001): «En política hay cosas que se ven; y otras que casi nunca se ven». No hay que perder de vista que la justicia tiene como objetivo aplicar la ley y los fiscales en convenios con el gran jurado, sentar en un banquillo al posible culpable que junto a su abogado defiende su supuesta inocencia.

Todo parecía indicar que en el sonado escándalo de LIBRE los fiscales habrían considerado presentar ante el gran jurado el «cordero» que pagaría en su totalidad el delito; y luego de condenado, ese mismo cordero dejaría no solo en plena libertad a la «liebre» sino en la «solemnidad» de su oficina en el Concejo Municipal. Julissa Ferrreas-Copeland cargará hasta el último día de su existencia el haber mandado a la cárcel a su mentor político, a su guía emocional, a su exjefe, a su cómplice, a su aliado, al hombre que ella dijo y repitió que era más que su «hermano».

La aspirante Ocasio-Cortez, como dije, recibió del *East Elmhurst Corona Democrats Club* que controla Monserrate, colaboraciones de personal y asesorías durante su campaña en Queens. En abril de 2018 asistió y participó a un *Spring Lunch* que en ese mismo Club hacía un evento en honor a las mujeres líderes de la comunidad. El exsenador Hiram Monserrate logró que el *New York Post* publicara que la Asociación Panamericana Demócrata de Queens fuera la única organización política que endorsó y apoyó a la aspirante Alexandria Ocasio-Cortez en el condado de Queens, lo que provocó airados comentarios del excongresista Joseph Crowley contra los directores del *New York Post* y de los miembros de la Asociación Demócrata Panamericana de Queens.

Cierro una ventana y abro otra. Fui testigo insobornable de que el mismo 26 de julio de 2018, durante la celebración en un bar del condado del Bronx del sorpresivo triunfo de Alexandria Ocasio-Cortez, aconteció un hecho desagradable. A pesar de que el consultor político Mike Nieves le advirtiera al exsenador Hiram Monserrate que no asistiera a la fiesta del triunfo de Alexandria, está en ese mismo bar ya repleto de seguidores, ordenó a una de sus asistentes para que le dijera a Monserrate y delante de su esposa Michelle Monserrate que inmediatamente se retirara del evento. El enojo y la vergüenza lo enfurecieron de tal manera que el ofendido esa misma noche no se inmutó en decir que Alexandria era ingrata.

Cada vez con más frecuencia, la política me parece un oficio en el que solo sobreviven los bajos instintos de la esencia humana: muchos políticos desaparecen, pero pocos adquieren un rango en la inmortalidad. Entre las posibilidades que presiento rodean a Ocasio-Cortez —su vitalidad de mujer enérgica, su obstinado esfuerzo de ponerle otros ojos a la sociedad estadounidense, otorgarle otro rostro a un mundo desesperado, su afán consciente o no en lograr igualdad y equidad social y económica, sus ojos ahogados en la carencia de un confortable descanso, el peso de su cuerpo que responde a una dieta balaceada —adquieren notables síntomas de interrogantes, como si la congresista Ocasio-Cortez hubiera estado, en propio proyecto, envuelta o desconocería algún acto al margen de la ley. Los celos inconfesados que duermen en el fondo de la intriga podrían haber predispuesto a Saikat Chakrabarti hacia la tarea del esgrimista: envidiaba a su exjefa por haber roto aquellos esquemas a los que él supuso tener único derecho a controlar, como el vuelo de las palabras, los gestos, el hecho mismo de haber puesto sobre la mesa lo que otros no apostarían entre ellos, los que pudieron antes que él descubrir la estrella en su vuelo hacia los cielos de Washington.

Sería entendible o lamentable que el bengalí no entendiese que él se ha acogido a la tecnología como un privilegio, casi como una investidura y al mismo tiempo se habría ofuscado al no aceptar el liderazgo de su jefa, como una actitud racional, para después imponerse como actor y director de cada escena. Ella buscó ese tiempo, esa oportunidad por la que solo fulguran los seres que procuran con éxito y soltura volar sobre encantos de la infamia. Pero, la infamia como la traza por ahí deja uno que otros mullidos en el lienzo a los que con el tiempo resulta difícil y casi imposible ponerles un remiendo. Así lo concibe la justicia terrenal: la infamia es hermana bastarda del delito.

Si algún valor tendrían las consecuencias, no sería otro que otorgar el patrimonio inequívoco de que un acontecimiento perezca en el olvido o tenga cierta validez con las inclemencias del tiempo. Por los efectos que de él sobreviven, adquieren ser analizados como para ver en qué nos serviría de espejo, en qué punto existiría una remota coincidencia y que del tiempo podemos acotejar como objeto de estudios, ya sea para la ciencia ordinaria o para tomar algunos aspectos en nuestro diario vivir que nos sirvan no tanto de escarmiento sino de reflexión.

Pudiera ser que en lo adelante no cupieran los términos «escarmiento» o «reflexión», aunque sí existe el ahínco de hacer prevalecer los rangos jerárquicos de lo hipotético, esa rama sin la cual el árbol estaría incompleto o en desventajas para hacer frente a la brutal embestida de una tempestad. En alusión al prefijo «hipo», «por debajo de algo», «al pie de algo» podría ser que estuviésemos en la proximidad de la sustancia pero no la sustancia misma, aunque sin descartar que en algún momento las circunstancias pudieran ser un muestrario irrefutable o testimonio de un hecho similar o distante.

A la muerte de este extenso preámbulo surge un compendio de interrogantes listo para traspasar el umbral de la puerta. Me permito, entonces, recuperar el escándalo en que se vieron envueltos el exsenador Hiram Monserrate y su exjefa de personal y ahora exconcejal Julissa Ferreras-Copeland. Pero, con la anticipada salvedad que la querella presentada a la Comisión Federal de Elecciones contra Alexandria Ocasio-Cortez y su asistente de alto rango, siga el largo recorrido que aun le espera. No sin antes advertir que expertos de la categoría de Brendan Fischer, del Centro Legal de Campaña, dice que «esas acusaciones son especulativas y que no existen evidencias de que los PAC subsidiaron de manera inadecuada el trabajo para la campaña de Ocasio-Cortez». Una cosa son los expertos y otra es la justicia. La especulación está en pie y la infamia sigue haciendo su trabajo en el huerto de la política: sembrar cizañas, pero que casi nunca logran cubrir del todo al frondoso árbol de la hipótesis. Este horrible y deprimente muestrario en que el exsenador Hiram Monserrate y su discípula son actores de un vergonzoso espectáculo, podría ser exagerado haberlo insertado como algo hipotético entre Ocasio-Cortez y Chakrabarti, aun así existe un alijo de posibilidades cuyas respuestas desembocarían en un afluente de suposiciones, no sin antes volver a convenir de que la justicia casi siempre sacrifica al imputado que el sistema en ese mismo momento le confiere el menor rango en la escala del poder político. Pareciera exagerado decirlo, pero en la práctica los hechos están archivados y no dan cabida a exageraciones por intereses o caprichos.

No obstante, los «guiones mediáticos» de la congresista Ocasio-Cortez resaltan por ser populistas, irónicos y controversiales. El 27 de febrero de 2019, la congresista cuestionó a Michael Cohen, abogado personal del presidente Donald Trump, cuando testificaba ante el Comité de Supervisión y Reforma de la Cámara de Representantes en Washington. Parece indicar que al «guionista» de la congresista se le pasó por alto advertirle a su «actriz» Ocasio-Cortez que los fondos de su campaña también padecen de los mismos defectos de los negocios del abogado Cohen; es decir, que tienen en común haber usado las LLC de Delaware. Michael Cohen, exabogado personal del presidente Donald Trump, usó también una LLC de Delaware para transferir $ 130,000 dólares a la estrella de cine adulto Stormy Daniels. Cohen estableció *Essential Consultants LLC* el 17 de octubre de 2016, un mes antes de las elecciones presidenciales. Este pago fue parte de un acuerdo para garantizar que Daniels no revelaría información sobre un supuesto asunto con Trump.

Cohen resultó un fracasado arreglista de los líos del presidente Trump; mientras que Saikat, sin haber sido abogado, hasta ahora, habría logrado cubrir con las Delaware LLC la espalda de Alexandria . Sin embargo, el guionista y el encarcelado Cohen, parecen ignorar que los guiones nunca han tenido ese espíritu del Ave Fénix, de renacer de sus propias cenizas.

Esos guiones mediáticos aun levantan en Washington una tormenta de críticas contra la congresista Nancy Pelosi, presidente de la Cámara de Representantes. Estas controversias no terminaron en buenos acuerdos. Por la presión de Pelosi, Ocasio-Cortez no tuvo más opción que salirse del guionista. Y por solidaridad de este último, también renunció Colvin Tren, su jefe de prensa. Saikat ya estaba en el ojo de la tormenta y esos ataques contra Pelosi pudieran haber sido los indicios de un Socialismo Demócrata, financiado con fondos que podrían ser de dudosa procedencia.

La persona con quien más tuve acercamiento en la campaña de la candidata Ocasio-Cortez fue con Colvin Tren, quien a su vez es amigo y aliado de Saikat Chakrabarti. Las renuncias simultáneas de ambos no evitaron que de inmediato la Comisión Federal de Elecciones iniciara, como ya dije, una investigación contra la congresista Ocasio-Cortez y su exjefe de personal Saikat Chakrabarti sobre los fondos invertidos durante su campaña.

Ocasio-Cortez podría pagar un alto precio político por esas maniobras con que Chakrabarti habría trasegado o recaudado un millón de dólares en dos compañías privadas. A estas las incorporó y de acuerdo con los documentos presentados por la Comisión Federal Electoral entre 2016 y 2017 a través de los PAC recaudaron alrededor de 3.3 millones de dólares, principalmente de pequeños donantes. Algo realmente grave: un tercio del efectivo fue transferido a dos compañías privadas cuyos nombres son similares de los *PAC—Brand New Congress LLC* y *Brand New Campaign LLC—* ambas presentaciones de compañías federales.

Es curioso que Alexandria abogue por transparencia de fondos públicos. Lo que resulta irónico es que haga declaraciones sobre cómo limitar los dineros destinados a campañas políticas. Encima de todo esto, se vanagloria de que no recibe fondos de las grandes corporaciones. Las contradicciones son tan evidentes como un sol de mediodía y taparlas podría ser muy tarde o traerían como consecuencias un alto costo político. Por un lado tiene encima el ojo de la Comisión Federal de Elecciones y por el otro, Alexandria se ha propuesto destrozar las viejas estructuras de su propio partido y al mismo tiempo enfila su artillería hacia los jerarcas republicanos. Sería un milagro que una veladora pueda arder por ambos extremos.

Y, finalmente, de aquel mismo libro vuelvo a subrayar que las calles solo inclinan al éxito, mientras que en Estados Unidos   y, por supuesto, sus constituyentes, ya están enterados de que la estrella boricua del Partido Demócrata, logró que su exjefe de personal aportara   un millón de dólares para que ella fuera algo así como una sorpresa en Washington, D. C.

Jackson Heights, Nueva York 2020

Apédice

Transcripción de audio del primer y único debate de Alexandria Ocasio-Cortez ante una comunidad hispana. El mismo fue organizado por la Asociación Demócrata Panamericana de Queens y la Coalición de Dominicanos Unidos, ambas dirigidas por R. A. Ramírez-Báez.

SRTA. OCASIO-CORTEZ: Me llamo Alexandria Ocasio-Cortez y soy la candidata progresista para la Cámara de Representantes en esta primaria demócrata del 26 de junio.

(Aplausos y vítores)

SRTA. OCASIO-CORTEZ: Gracias. Para aquellos de ustedes que no conozcan un poco sobre mis antecedentes, soy pedagoga, soy organizadora. Soy... soy del otro lado del río aquí. Para aquellos de ustedes que no conozcan Nueva York, en realidad el [distrito] 14 está ubicado la mitad en El Bronx y la otra mitad en Queens. Por lo tanto, este Distrito abarca dos distritos municipales diferentes. Es mitad y mitad. Así que sucede que soy de tercera generación del Bronx, por lo que les agradezco mucho su hospitalidad aquí. Y de lo que realmente se trata esta campaña es que es una campaña feroz, encarnizada y sin concesiones por la justicia social, económica y racial, no sólo en la ciudad de Nueva York, sino en los Estados Unidos de América. En eso consiste esta campaña. Soy la única candidata en esta contienda que no acepta ningún dinero corporativo de los Comités de acción política (PAC), lo que significa que no estoy financiada por corporaciones ni por [grupos de] intereses especiales que hacen la vida más difícil aquí en la ciudad de Nueva York. Durante los últimos 20 años...

(Aplausos y vítores)

SRTA. OCASIO-CORTEZ: Gracias. Durante los últimos 20 años, creo que todos sabemos, todos aquellos que vivimos aquí sabemos, que... que los alquileres sólo han aumentado. La asistencia médica para la salud se ha hecho más difícil de obtener. ACA [Cuidado de salud asequible] fue un hito, pero sabemos que eso no es suficiente. Sabemos que en los Estados Unidos tenemos que ponernos al día con el resto del mundo desarrollado y no hemos hecho concesiones (inaudible) con la asistencia médica para la salud de familias uniparentales en los Estados Unidos. La necesitamos y la necesitamos ahora. Esta campaña tiene que ver con Medicare para todos, mejorado y aumentado. Esta campaña tiene que ver con una garantía laboral federal. Esta campaña tiene que ver con matrículas universitarias gratuitas para nuestros hijos. Esta campaña tiene que ver con la reforma de la justicia penal. Esta campaña tiene que ver con ponerle fin a la guerra contra las drogas. Esta campaña tiene que ver con abordar el cambio climático y... y apelar a... más bien e ir tras un nuevo convenio ecológico con el fin de que cambiemos un 100 por ciento a energías renovables para 2035, no para 2050, no cuando sea demasiado tarde para que nuestros hijos puedan sobrevivir.

(Aplausos y vítores)

SRTA. OCASIO-CORTEZ: Esta campaña tiene que ver con la urgencia. Tiene que ver con la necesidad de cambio porque tenemos que estar unidos en contra de la actual Administración. Pero la mayor verdad es que si elegimos el mismo liderazgo demócrata que llegó a 2016, que llegó a esta Administración, no hay manera de que vayamos a salir. La única manera que vamos a salir es transformándonos nosotros mismos y transformando a este Partido en una feroz... en una... en una feroz búsqueda para ese... para nuestro futuro colectivo. Es la única manera que vamos a poder superar esto. Entonces, vuelvo y lo repito, éstas son las cuestiones en que nos hemos fundamentado. Estamos aquí para abordar las desigualdades históricas en los Estados Unidos. Estamos aquí y la única manera en que afrontamos esto no es haciendo caso omiso de esto. La única... la única manera que afrontamos esto... y no vamos a hacerle frente teniendo como meta mejorar en un 5 por ciento. Tenemos que cambiar de rumbo. El primer paso para hacerlo es rechazar el dinero de los promotores de inmuebles de lujo que vienen a nuestra comunidad, rechazar el dinero de las empresas de combustibles fósiles que intentan introducir... que históricamente han intentado introducir "fracking" [fracturamiento hidráulico] [no sólo] en el estado de Nueva York sino en el resto del país. La única manera que vamos a hacer eso es rechazando corporativo [sic]... rechazando las cárceles con ánimo de lucro, incluida la abolición de ICE [Servicio de Inmigración y Control de Aduanas].

(Aplausos y vítores)

SRTA. OCASIO-CORTEZ: Teniendo en cuenta que ésta es una primaria demócrata, a menudo la gente pregunta: ¿cuál es la diferencia, saben, entre dos candidatos? ¿Cuál es la diferencia? Porque es muy fácil simplemente copatrocinar un proyecto de ley una vez que comienza a volverse popular, que es lo que ha estado ocurriendo en nuestra jurisdicción, y estoy orgullosa de decir que nuestra campaña ha liderado el copatrocinio... el copatrocinio de muchas leyes incluso en la Cámara de Representantes actual debido a la presión que hemos estado creando. Pues bien, estamos aquí para decir que eso no es suficiente. No estamos aquí para ser una musa del proceso político. Estamos aquí para liderar el proceso político porque eso es lo que necesitamos.

(Aplausos y vítores)

SRTA. OCASIO-CORTEZ: Así que me complace... me complace sostener algunas conversaciones sobre algunos de estos temas y gracias nuevamente por invitarme. Gracias.

(Aplausos y vítores)

MODERADOR: Gracias. Pues bien, yo puedo hacer algunas preguntas, pero creo que probablemente preferiría que alguien del público haga preguntas. ¿Alguien quiere hacer una pregunta? O.K.

MIEMBRO DEL PÚBLICO: Gracias. Alexandria, gracias por venir.

SRTA. OCASIO-CORTEZ: Gracias.

MIEMBRO DEL PÚBLICO: Hace mucho tiempo vivo en esta zona. Vivo aquí desde 1982. El año pasado el representante Crowley vino a una organización comunitaria para hablar de, usted sabe, el... el hecho que DACA [Acción diferida para los que llegaron en la infancia] ya no iba a suceder y que DACA estaba en peligro. Y le hice una pregunta en español porque la mayoría del público hablaba español. La pregunta era: ¿cuál es la estrategia del Partido Demócrata para adelantar una reforma inmigratoria? También le dije (inaudible) cosas porque yo... realmente no me gusta la forma en que nos ha representado a mí y a mi comunidad. Al parecer se ofendió y dijo que por qué... por qué nos quejamos tanto si ahora podíamos votar. ¿Me explico? Él supuso que yo era un inmigrante indocumentado porque hice la pregunta en español. ¿Me explico? Soy ciudadano de los Estados Unidos. Me siento orgulloso de ser ciudadano de los Estados Unidos, ¿me explico?

(Aplausos y vítores)

MIEMBRO DEL PÚBLICO: Así que le dije, en inglés, que yo era ciudadano de los Estados Unidos y dijo: oh, no me refería a usted. ¿Qué tal? Ésta es la clase de liderazgo que tenemos ahora mismo y ésta es la clase de liderazgo que no quiero más para esta comunidad. ¿Qué tal?

(Aplausos y vítores)

MIEMBRO DEL PÚBLICO: ¿Cree que es importante para usted, como Representante a la Cámara, si resulta elegida, cuando resulte elegida, representar a inmigrantes indocumentados?

SRTA. OCASIO-CORTEZ: Sí, lo es.

(Aplausos y vítores)

SRTA. OCASIO-CORTEZ: Lo es. Permítame darle un par de razones por qué. No sólo lo es desde una perspectiva moral, sino desde la perspectiva lógica más fundamental. Cuando trazamos nuestros distritos electorales con base en los datos del censo, contamos a todos en el censo. De hecho, la... la actual admin... administración presidencial intenta cambiar eso. Están... la actual administración presidencial está tratando de preguntar sobre el estado inmigratorio en el censo, que es una pregunta totalmente nueva, con el fin de intimidar a nuestros vecinos para que no respondan al censo, porque una vez que no son contados, entonces no obtienen los recursos y, por lo tanto, nuestras comunidades son irreconocibles. Para mí es importante no sólo porque es el mandato del censo, sino también porque vemos en la Administración actual la facilidad con que las políticas de inmigración pueden ser utilizadas como un instrumento para crear poblaciones de indocumentados. Y estamos aquí para luchar contra eso. Estamos aquí para decir que eso es absolutamente inaceptable. Lo que sucedió con el TPS [Estado de protección temporal] es que teníamos una población de personas con documentos, personas con documentos dentro de nuestro Sistema de Inmigración de los EE.UU. Y al eliminar el programa de TPS después de que estas personas desarraigaron sus vidas y vinieron a nuestras costas, estamos creando poblaciones de personas indocumentadas como objetivos. Y entonces, al permitir que ICE continúe, ahora estamos militarizando la puesta en la mira de esas comunidades. Entonces la respuesta es absolutamente sí.

(Aplausos y vítores)

MODERADOR: Tengo una pregunta para usted ahora que habla sobre inmigración. Esta mañana el Procurador General Jeff Sessions anunció que restringiría las solicitudes de asilo a las personas que vienen... beneficios de solicitud de asilo a las personas que son (inaudible) porque, según sus palabras, lo estaban usando para mentir y aprovecharse ilícitamente de nuestro sistema jurídico. ¿Qué opina de eso?

SRTA. OCASIO-CORTEZ: Bueno, creo que todos sabemos que nuestra... nuestra población actual de inmigrantes, nacionalizados o no, es el blanco de ataques por parte de la actual Administración. Sabemos que ésta es una agenda exterior. Y yo... saben... yo... en cierto modo transmite un malentendido fundamental de cómo incluso nuestro propio sistema de refugiados funciona. Tengo buenos amigos aquí que son refugiados. Uno de mis mejores amigos vino aquí como consecuencia del genocidio de Ruanda. Otro buen amigo mío vino aquí de Venezuela. Y la cantidad de tiempo y esfuerzo y escrutinio por los que tuvieron que pasar, con el fin de simplemente poder cumplir con los requisitos para obtener un estado [inmigratorio legal], demuestra cuán estricto ya es nuestro sistema. Es lo suficientemente bueno. Y en todo caso, siempre y cuando los Estados Unidos continúe con una política exterior que... que nos conduzca por un camino de cambios de regímenes, tal como lo vimos en Honduras, o tan pronto como comencemos a comprometernos en negociaciones de armas, tal como lo hacemos en... en Siria, que sabemos que desestabiliza a las comunidades, que sabemos que desplaza a las comunidades, creo que tenemos la... la responsabilidad moral de aceptar refugiados en los Estados Unidos.

(Aplausos y vítores)

MODERADOR: Usted habló sobre Obamacare [Ley de Protección al Paciente y Cuidado de Salud Asequible] y sabemos que la Administración Trump ha emprendido una acometida para destruir a Obamacare y, fundamentalmente, llevarnos de regreso a una época en la que no había seguro de salud. Ahora bien, ¿cuál es... cuál es su plan? ¿Cómo piensa que debamos contraatacar? ¿Garantizar que haya una cobertura universal de salud en nuestro país?

SRTA. OCASIO-CORTEZ: Entonces, cuando aprobaron la Ley de Cuidado de Salud Asequible... realmente incrementó el número de personas que podían comprar un seguro. Pero pienso que una de las razones que la ACA [Cuidado de Salud Asequible] es tan débil es porque no asegura lo suficiente, no asegura lo suficiente. Así que cuando voy... saben, muchos de mis amigos que son... que son trabajadores del área de servicios, que trabajan en la economía de servicios... para aquellas personas que no lo sepan, mi propio pasado, yo misma he sido... saben, he trabajado en… trabajado en el sector de hospitalidad. Ni una sola… ni una sola camarera en el restaurante en el que trabajaba era… realmente decidió comprar seguro de salud en el [Mercado Federal de Seguros Médicos] Intercambio. Ninguna de ellas estaba cubierta por Obamacare debido a que era demasiado caro. Porque sabemos que con el ACA [Cuidado de Salud Asequible], con Obamacare, existe una gran franja de trabajadores en el medio que no puede permitirse el lujo de [comprar en] nuestros… nuestros Intercambios estatales y que no pueden recibir coberturas mediante subsidios. Así que lo que esto hace es crear resentimiento entre la gente. Y [que] buena cantidad de ACA [Cuidado de Salud Asequible] sea políticamente vulnerable por parte de obreros estadounidenses que estaban resentidos, no debido a Obamacare, sino porque no podían obtenerlo, porque no podían consultar a un médico. Así que, para mí, la mejor respuesta a los ataques contra Obamacare es mejorar y ampliar Medicare para todos, porque cuando salimos en defensa de…

(Aplausos y vítores)

SRTA. OCASIO-CORTEZ: …porque cuando luchamos por un sistema universal que auténtica y genuinamente cubra asistencia médica para la salud física, dental y mental de todas las personas, no permitirán que se los quiten. Vemos esto en el Reino Unido. Lo vemos en el Canadá. Lo vemos en los países desarrollados que tienen un solo... un sistema universal de asistencia médica para la salud. Es una de las políticas públicas más valiosas que... que son... que esos países protegerán. Llega a ser tan sagrada como lo es la Seguridad Social, que también necesita ser ampliada. Pero sabemos que a la gente le encanta estos programas porque nos gusta vivir en una sociedad que se encarga de las personas.

(Aplausos y vítores)

MODERADOR: Los Estados Unidos actualmente tienen la mayor población de reclusos probablemente de todo el mundo. Y la mayoría de estas personas encarceladas son negros o latinos. ¿Qué haría usted como Representante a la Cámara para combatir eso, para remediarlo, para corregirlo?

SRTA. OCASIO-CORTEZ: Como mencioné anteriormente, [el distrito] 14 de Nueva York incluye El Bronx y Queens, pero también incluye a la cárcel de Rikers Island. Y bien, la reforma de la justicia penal no sólo es una responsabilidad moral para este país, sino que también es una responsabilidad moral para nuestra comunidad. Porque si hay un... si hay un distrito en los Estados Unidos que debería ser el líder en la reforma de la justicia penal, éste debería ser [el distrito] 14 de Nueva York. Deberíamos ser nosotros. Debería ser nuestro patio trasero. Debería ser nuestra responsabilidad que vamos a asumir. Y sabemos que el actual sistema de encarcelamiento masivo es el desarrollo de la discriminación racial, que es un desarrollo de la esclavitud. Sabemos lo que sucedió. Sabemos que es un mal moral encarcelar a más gente que cualquier otro país en el mundo. Y entonces la manera en que podemos corregir el rumbo involucra no sólo revertir algunas de nuestras políticas anteriores. La manera en que podemos corregir el rumbo consiste en no sólo ponerle fin a la guerra contra las drogas, no sólo en buscar la legalización de la marihuana, no sólo asegurando que... que actos no están siendo más... que actos de bajo nivel no sean criminalizados en este país. Pero lo que también tenemos que hacer es invertir en... es realmente invertir en efectuar una transición para salir de ese sistema, porque lo que necesitamos son servicios para reintegrar a las personas a la sociedad con el fin de evitar la reincidencia. Lo que tenemos que hacer es mejorar nuevamente... cuando mejoremos y ampliemos Medicare para todos y podamos pagar todas y cada una de las asistencias médicas para la salud mental de todos los habitantes de los EE.UU., entonces ya no volveremos a utilizar nuestro sistema penitenciario como sistema de salud mental de hecho, el cual no ha sido diseñado ni está preparado para serlo. Y entonces, en último término, por supuesto, cuando realmente invirtamos en nuestras oportunidades educativas en nuestras comunidades, especialmente en las comunidades que han sido el blanco de la guerra contra las drogas, cuando invirtamos en esas comunidades, entonces podremos reducir drásticamente la cantidad de personas que encarcelemos, mientras mantenemos y promovemos una sociedad libre y sana.

MODERADOR: Gracias.

(Aplausos y vítores)

MODERADOR: Nuestro país ha sufrido en los últimos meses debido a la violencia con armas de fuego. Ha habido... no tengo necesidad de decirle a todo el mundo cuántos tiroteos han ocurrido en tan sólo los últimos meses. Es un problema real que esta Administración no le ha hecho frente. ¿Qué haría usted para mejorar esta situación con el fin de evitar todos estos homicidios absurdos que suceden en nuestro país?

SRTA. OCASIO-CORTEZ: Entonces yo... mantengo una actitud agresiva respecto a este tema y apoyo el restablecimiento de la prohibición de armas semiautomáticas en los Estados Unidos.

(Aplausos y vítores)

SRTA. OCASIO-CORTEZ: A estas alturas, las balaceras masivas son un problema de salud pública, porque ésa es la razón por la cual estamos perdiendo muchísimas personas debido a la violencia con armas de fuego en los Estados Unidos. La gente se está muriendo. Y tenemos un [derecho] constitucional... la Segunda enmienda nos otorga el derecho a portar armas, pero también sabemos que las armas semiautomáticas son armas de guerra. Me siento... me siento orgullosa de ser respaldada por *Common Defense*, que es una... una organización progresista de gran amplitud compuesta por veteranos militares y sus familias. Y a menudo ellos me cuentan acerca de la cantidad de entrenamiento al que tienen que someterse los miembros de las fuerzas armadas de los Estados Unidos para empuñar un arma semiautomática... o un arma automática o un arma semiautomática que... que se asemejan a las que ahora hemos visto en Parkland y en Connecticut y en... en Colorado y no puedo creer que pueda nombrar tantos de estos sitios. Y una de las cosas que pienso que es...extraordinariamente importante es que tenemos que asegurar que no lleguen armas de guerra a nuestros barrios. Y es necesario adoptar una postura fuerte para... para hacer eso y es necesario adoptar una postura real para hacer eso. Y una de las razones por la que puedo hacer eso es porque no sólo no acepto dinero de las corporaciones de armas de fuego, sino porque tampoco acepto dinero de grupos inversionistas de capital privado que tienen acciones con los fabricantes de armas. Y ésa es una diferencia muy importante también.

(Aplausos y vítores)

MODERADOR: Hay otra crisis que vive nuestro país hoy en día y es la crisis de los opiáceos. Tenemos casi probablemente más, miles de personas mueren de sobredosis, sobredosis de drogas, en muchas ocasiones creadas por los médicos que recetan dosis masivas de estos medicamentos que probablemente no necesitan. ¿Qué haría usted con respecto a este tema?

SRTA. OCASIO-CORTEZ: Entonces, los abusos de opiáceos... es un... es una cuestión sumamente compleja. Estoy segura que muchos de nosotros sabemos o hemos sido afectados o conocemos a alguien que ha sido afectado por la crisis de la adicción. Y por consiguiente pienso que es importante que... que realmente busquemos un sistema, especialmente cuando hablamos de nuestro sistema de asistencia médica para la salud, un sistema sanitario que no esté incentivado a recetar en exceso. De modo que lo primero no sólo es que tratemos el abuso de opiáceos como un problema de salud pública, como un problema de salud mental, sino que también le brindemos esa misma consideración segura a aquellas personas que han sido históricamente criminalizadas por la marihuana, etcétera. En términos de abuso de sustancias opiáceas, vuelvo y lo repito, éste es... éste es un problema que sí afecta a nuestra comunidad. Ellos piensan que esto es algo como... a menudo esto se comercializa como un problema de los EE.UU. provinciano y rural, pero si El Bronx fuera un estado, ocuparía el segundo lugar en cuanto a muertes por sustancias opiáceas en los Estados Unidos. Esto sucede en nuestros propios patios traseros y es una adicción crónica, es un problema crónico donde convergen muchos otros problemas. Falta de acceso a atención médica, falta de acceso a asistencia médica para la salud mental. Y... y pienso que una de las cosas que tenemos que hacer es no sólo responsabilizar a las compañías farmacéuticas, porque muchas de ellas son grupos de presión compuestos por médicos que directa y económicamente... crean incentivos económicos para recetar en exceso, como lo que vimos con la distribución ilegal de pastillas. Así que no sólo tenemos que presentar proyectos de leyes para... para cambiar esta situación completamente, sino que, vuelvo y lo repito, tenemos que realmente abordar el problema crónico aquí y el común denominador es la pobreza y la desigualdad en los ingresos.

MODERADOR: Gracias. Y voy a hacerle una pregunta que le hice al señor Lentamiere (ortografía fonética). Educación... la educación es el elemento más valioso que podemos dar a nuestros hijos. Y ¿qué haría usted para lograrla?

SRTA. OCASIO-CORTEZ: Bueno, desde el primer día he apoyado y ampliar... he apoyado las matrículas gratis para las universidades públicas a lo largo y ancho de los Estados Unidos.

(Aplausos y vítores)

SRTA. OCASIO-CORTEZ: No es ésta una idea radical, pero...

MIEMBRO DEL PÚBLICO: Educación gratuita.

SRTA. OCASIO-CORTEZ: ¿Perdón?

MIEMBRO DEL PÚBLICO: Educación gratuita para todos.

SRTA. OCASIO-CORTEZ: Sí, sí. Universidades públicas con matrículas gratuitas para todos. Y éste no es un concepto radical. Aproximadamente cada 50 a 75 años, los Estados Unidos invierten en nuestro sistema de educación pública con el objeto de ampliarlo. Así que ambos... acostumbrábamos a simplemente educar a nuestra población hasta el nivel de quinto grado, hasta el nivel de tercer grado. Luego, realmente alcanzamos la escuela secundaria para todos hace aproximadamente 70 años en los Estados Unidos. A medida que nuestra economía se desarrolla, tenemos que ampliar nuestra educación... nuestras oportunidades educativas disponibles públicamente para que coincidan, de modo que no... no sólo esto incluya las matrículas gratuitas en las univérsidades públicas, sino que también incluya las matrículas gratuitas para las escuelas vocacionales y para las pasantías. Porque hay un montón de puestos de trabajo disponibles que deben ocuparse y tenemos que proceder... tenemos que proceder e invertir en una sociedad que sea lo suficientemente calificada para sostenerse a sí misma. No sólo eso, sino que [además de] matrículas gratuitas en las universidades públicas, también respaldo el... también respaldé la condonación de los préstamos estudiantiles federales. Así que...

(Aplausos y vítores)

SRTA. OCASIO-CORTEZ: ...y vuelvo a repetirlo, la gente dijo oh, esta idea es un disparate, y creo que esto hace parte de una conversación más amplia que necesitamos tener dentro del Partido Demócrata. ¿Qué constituye una idea disparatada? Como si cualquiera... cualquiera idea que sea atractiva y audaz fuera una locura y estamos aquí para decirles que eso no es verdad. Ésta es el alma de lo que este Partido debería ser, el alma de este Partido debería tratar de trazar un derrotero hacia el futuro para las familias trabajadoras en los Estados Unidos. Y cuando condonamos federalmente los préstamos estudiantiles que, dicho sea de paso, son los mismos... equivalen exactamente a los mismos costos de la reducción fiscal en diciembre del Partido Republicano. Con... con el costo de la reducción de impuestos del Partido Republicano en diciembre, hubiéramos podido condonar todos los préstamos estudiantiles federales en los Estados Unidos. Así que esto es lo que es posible en este país, y uno de nuestros problemas es que nuestros congresistas en ejercicio y nuestro liderazgo tienen mucho miedo de hacerlo, en gran parte debido a los lazos económicos que mantienen con sus patrocinadores. Pero cuando nos liberemos y comencemos a elegir candidatos que no dependan de [grupos de] intereses especiales, entonces podremos proceder con estas amplias, audaces y ambiciosas agendas. Y soy consciente de que... que cuando trabajemos arduamente es posible que no podamos ver esto hasta [la generación de] mis hijos, pero esto no significa que no deberíamos trazar ese camino ahora. No significa que no deberíamos trazar ese camino ahora.

(Aplausos y vítores)

MODERADOR: Gracias. Gracias por esa respuesta. Ahora, en lugar de que sea yo quien haga... quien haga todas las preguntas, quisiera ver si alguien en el público hiciera preguntas. Adelante.

MIEMBRO DEL PÚBLICO: Ésta es a nombre de mi amigo Ken (inaudible). Pues bien, Kenneth recientemente leyó el artículo que mencionaba a Joseph Crowley y quería que yo hiciera esta pregunta. Pues bien, recientemente en un artículo, para aquellos que no lo sepan, Joseph Crowley manifestó que usted estaba utilizando el tema de la discriminación racial a su favor. ¿Cuál sería su respuesta respecto a esto?

SRTA. OCASIO-CORTEZ: Bueno, yo no... está bien, simplemente yo... simplemente creo que todo este debate es prueba de que... que es un juicio absurdo. Pero creo que, de cierta forma... pero creo que de cierta forma, sin embargo... pero de cierta forma... de cierta forma, no, pero quiero... quiero ser respetuosa con mi adversario. Sin embargo, ¿pero saben qué? Esta campaña es acerca de la raza y también tiene que ver con la educación, y tiene que ver con la economía, y tiene que ver con la educación, porque esto es... éstas son las cuestiones que son cruciales para esta comunidad. Esta es la comunidad más heterogénea en los Estados Unidos de América... de América. Y si no apoyamos a nuestros hermanos y hermanas musulmanes, a nuestros latinos, a los afroedescendientes, a nuestros hermanos y hermanas blancos que sufren a... a su manera, entonces no vamos a avanzar en este país. Y nunca, en toda mi vida, he oído hablar de un problema que desparezca sin que se hable del mismo. Y necesitamos sostener... necesitamos sostener una conversación sobre la raza en los Estados Unidos.

(Aplausos y vítores)

SRTA. OCASIO-CORTEZ: Y entonces, aunque mi campaña no sea sobre eso, tampoco soy el comodín del tema de la raza.

MIEMBRO DEL PÚBLICO: Muy bien, así que tengo una pregunta rápida respecto a la educación. Está bien. Me pondré de pie. Está bien. Entonces, fundamentalmente, cuando se trata de la educación gratuita, mediante la cual todo el mundo reciba diplomas, etcétera, etcétera, ahora bien, si mal no recuerdo, la Beca Excelsior, y según sea el programa para obtener un título, de 2 o 4 años, es casi una obligación permanecer en el Estado de Nueva York de 2 a 4 años o, de lo contrario, esto traería consecuencias. Así que cuál es.... perdón... perdón, sí sí, ¿cuál será... cómo podrían aquellos estudiantes a punto de graduarse encontrar puestos de trabajo, cuando muchísimas otras empresas buscan en otros lugares, ya sea en el extranjero o en otros estados [de los EE.UU.]? Entonces, ¿qué pasaría si hay un grupo de trabajo... un grupo de estudiantes muy preparados sin posibilidades de poder trabajar? Entonces, ¿de que forma ayudaría usted en esta situación?

SRTA. OCASIO-CORTEZ: Bueno, ésta es una excelente pregunta. Y lo primero que quiero decir es que, por esta razón, no sólo abogamos por las matrículas universitarias gratuitas, sino también por las matrículas gratuitas para las escuelas vocacionales. Porque reconocemos que la educación no sólo consiste en las carreras de 4 años. Ésta es una de las opciones que usted puede escoger. Pero es importante que las personas busquen las.... las...las formas de educación que ellas consideren convenientes. Así que... así que... en lo que respecta a los empleos, ¿cómo conseguimos trabajo en general después... después de 4 años de estudios universitarios? Entonces existe un... este... puedo mirar a mi pasado como pedagoga y siento que, en el meollo de esta pregunta, existe la pregunta de para qué sirve la educación y pienso que hay... así que primero existe esta idea que se tiene que estudiar una carrera... para conseguir un trabajo, y creo que esto es así porque

pagamos por la educación, y cuando pagamos
un montón de dinero por estudios de 4 años
esperamos poder conseguir un trabajo sumamente bien remunerado. Nuestra economía
está evolucionando, y cuando contamos con
[personas] más preparadas… que han hecho
estudios universitarios, con estudios en escuelas vocacionales que brindan instrucción a muchas [personas], podemos estimular nuestra
economía, para que no tengamos que depen-
der del mismo número de empresas que em-
pleen el mismo número de personas. Cuando
educamos a nuestra sociedad a niveles de universidades y escuelas vocacionales, tenemos la
opción de crear nuestros propios puestos de
trabajo. Y ésta es la dirección en la que realmente se mueve la economía de los Estados
Unidos. Nosotros… la cantidad de trabajadores
independientes aumenta vertiginosamente en
los Estados Unidos, debido en parte a algunos
de los cambios estructurales en nuestra economía. Pero creo que… que cuando se tiene una
población con niveles muy altos de educación,
como es el caso de… de Alemania, por lo general esto se correlaciona con tasas de desempleo
muy bajas…. muy bajas. Entonces es… es algo
que creo que se convierte… se convierte en algo
así como en un ciclo autosuficiente y, además,
es importante que… que impulsemos… para

aquellos que... que sí observan el engranaje económico, es importante para nosotros impulsar el tipo de educación que concuerde con nuestras necesidades económicas, porque en realidad ahora tenemos un montón de vacantes, pero hay una discrepancia de trabajadores calificados que no concuerda. Así que tenemos que crear estos incentivos, no sólo para permitir que las personas se eduquen, sino para que se vuelvan a educar a medida que nuestra economía evolucione, así que no se suspendan los estudios después de recibir un título de 2 años, sino que se pueda regresar para aprender a formular instrucciones para programas de computadores, o regresar para aprender a escribir y regresar y... y volver a aprender, porque a medida que nuestra economía se acelera, vamos de esta manera...

(La señorita Ocasio-Cortez hace un gesto con la mano)

SRTA. OCASIO-CORTEZ: ...y eso es simplemente un hecho, pienso yo, particularmente para las personas más jóvenes, que vamos a tener que aprender 3, 4, 5 destrezas diferentes en el curso de nuestras vidas para ponernos al día con el engranaje de... de nuestra evolución económica.

MODERADOR: ¿Vemos una mano?

MIEMBRO DEL PÚBLICO: Hola. Me llamo Marilyn Delanueva (ortografía fonética) y de cierta manera quiero continuar con este tema sobre la educación y el empleo. Estamos viendo que parte del cambio estructural consiste en una mayor cantidad de automatización. En muchos casos la automatización se usa para los trabajos de las franjas más bajas o para trabajos mal remunerados y, entonces, ¿a dónde van estas personas? Y entiendo que usted esté a favor de un Gobierno Federal que se desempeñe como un empleador de último recurso, y por qué eso debería ser así, versus unos ingresos universales enormes.

SRTA. OCASIO-CORTEZ: Bueno, ésta es una pregunta excelente. Me encantan las preguntas profundas sobre políticas, profundas (inaudible) aquí. Así que... así que gracias, gracias por traer esto a colación. Casi me olvido de mi propio asunto. Así que... así que sí que estoy a favor de la garantía federal de empleos, sobre la cual nos sentamos con un... nos sentamos con uno de los principales economistas de los Estados Unidos con el fin de desarrollar esta política. Y de lo que trata la garantía federal de empleos es, en realidad, mejorar la calidad del empleo a lo largo y ancho de los Estados Unidos, esencialmente mediante la creación de una calidad laboral fundamental. Así que la garantía federal de empleos implica tres cosas. Una es un salario mínimo, federalmente obligatorio, de 15 dólares por hora para todos... para todos los [trabajos] públicos... para todos los trabajos de opción pública. La segunda es asistencia médica para la salud cubierta y pagada, en su totalidad. Y, luego, la tercera es licencia paga por enfermedad para los hijos y la familia. Y así que la idea de una garantía federal de empleos es... es que cuando usted crea una opción pública para el empleo que garantice estas tres cosas, entonces se crea la competencia en el mercado de trabajo, así que ningún otro trabajo es peor que eso, porque siempre se puede optar por la garantía federal de empleos. De modo que ésa es una de las razones por las cuales... por las cuales apoyo una garantía federal de empleos. Algunos de los puestos de trabajo cubiertos por una garantía federal de empleos son en gran medida... tienden a ser locales y ocuparse de algo conocido como externalidades en el mercado actual. Así que, básicamente sin ponerse demasiado "wokkie" [?] (ortografía fonética) lo que [la garantía] federal... los puestos de trabajo incluidos en la garantía federal de empleos básicamente serían puestos de trabajo que nuestra economía actual no está abordando. Cosas afines, como el cambio climático, que nuestros mercados actuales están creando. En cuanto a UPI, mucha gente piensa que una garantía de empleo federal es una posición contraria a UPI; sin embargo, a menudo se usan como complementos porque hay muchas personas en los Estados Unidos, ya sean... ya sean incapacitadas o que por cualquier motivo no pueden hacer parte de... no pueden ser empleadas. Y... y lo que haría un ingreso básico universal sería fundamentalmente hacer más eficientes muchos de los recursos que ya utilizamos para estas personas en un sistema... un sistema más comprensible y... y altamente... más utilizado.

MODERADOR: ¿Y cómo se financiaría dicho programa?

SRTA. OCASIO-CORTEZ: Bueno, ésta es una excelente, excelente pregunta. Una de las muchas propuestas y cosas que muchas personas en cierto modo preguntan sobre esto, porque es como fundamental, saben, ¿cómo pagamos por esto? Todas estas cosas, una garantía federal de empleos, inversión en... quiero decir, una garantía federal de empleos, Medicare mejorado y ampliado para todos, así como matrículas gratuitas en las universidades públicas, son inversiones que generan ingresos. Ellas pagan por sí mismas de muchas maneras, debido a que los costos que ahora invertimos en pagar por las personas enfermas, el costo que cubriría una emergencia, los costos de... con las aseguradoras privadas, en las que tienen que generar márgenes. Alrededor del 20% para todos los que pagan una factura mensual de seguro de salud, alrededor del 20%... si paga 100 dólares por su seguro de salud, 20 de los 100 dólares, de esos 100 dólares literalmente son para facturación, administración y facturación. Se utilizan para cubrir el costo de calcular cuánto deberían cobrarle. Así que hay tantos ahorros involucrados, pero también existe una generación económica que sucede. Así que, por ejemplo, con la condonación federal de los préstamos estudiantiles, podríamos no sólo pagar por ese (inaudible) si así lo quisiéramos y si tuviéramos el valor político para hacerlo, sino que la deuda actual por préstamos estudiantiles en los Estados Unidos es...es la segunda categoría de deudas más importante en los Estados Unidos. Ahora ocupa el segundo lugar, después de las hipotecas, y se está acercando rápidamente a las hipotecas. Y lo que esto significa es que nuestra... en nuestra economía las casas no se venden, los automóviles no se compran, la gente no está formando hogares, no tienen hijos porque están pagando 4, 5, 6, 800 dólares, 1.000 dólares al mes en facturas... en facturas de préstamos estudiantiles. De manera que cuando nosotros... cuando usamos nuestro poder, el Congreso tiene un poder muy diferente, diferente al de los estados y municipios en cuanto a presupuestos y financiación. Cuando usamos nuestro poder presupuestario que el Congreso tiene para cubrir esa legislación, lo que hace es que se paga por sí solo (inaudible), lo mismo [sucede] con la garantía federal de empleos.

MODERADOR: Gracias. Eso fue muy informativo.

(Aplausos y vítores)

MIEMBRO DEL PÚBLICO: Buenas noches.

SRTA. OCASIO-CORTEZ: Buenas noches.

MIEMBRO DEL PÚBLICO: Me llamo Rasheed y yo (inaudible) aquí en Jackson Heights. Usted, señorita Alexandria (inaudible). Usted es esta (inaudible) una joven hermosa, dinámica y enérgica, de 28 años. En lo que se refiere a la experiencia, cómo enfrenta, le puedo decir en su calidad de (inaudible) y su adversario (inaudible) en lo que se refiere a la experiencia, cómo enfrentaría usted los desafíos. En primer lugar, usted satisface al público. En segundo lugar, el representante en ejercicio desde 1999 cumple muchas funciones. Cuando una persona cumple muchas funciones y usted se presentará con una sola función, ¿cuál cree usted que desempeñará (inaudible)? Gracias.

SRTA. OCASIO-CORTEZ: Gracias. Bueno, en primer lugar... bueno, la primera pregunta con respecto a la experiencia. Soy la única candidata en esta contienda con experiencia en la organización de familias en El Bronx y Queens, punto. Soy la única candidata en esta contienda.

(Aplausos y vítores)

SRTA. OCASIO-CORTEZ: Soy la única candidata en esta contienda que ha educado a jóvenes aquí, que ha trabajado con familias aquí, que ha... que realmente ha vivido aquí. En primer lugar, creo que ésta es una importante... creo que ésta es una distinción importante que hay que hacer. Soy la única candidata en esta contienda que vive en este Distrito y pienso que esto es sumamente importante y probablemente una de las preguntas más fundamentales que deberíamos hacernos cuando elegimos a un funcionario público. Esta comunidad me encanta lo suficiente como para vivir aquí. Esta comunidad me encanta lo suficiente como para tener a mi familia aquí. Esta comunidad me encanta lo suficiente como para invertir en esta comunidad, para ir a mi bodega, para ir a la vuelta de la esquina, para saber quién hace parte de mi comunidad. Y bien, por lo que se refiere a esa experiencia, no sólo tengo la experiencia vivida, tengo la única... soy la única persona con experiencia en organización y educación. Y ahora mismo, lo que necesitamos en la Cámara de Representantes, ahora más que nunca, son personas que entiendan a los trabajadores. Lo que necesitamos en la Cámara de Representantes ahora mismo...

(Aplausos y vítores)

SRTA. OCASIO-CORTEZ: ...lo que necesitamos en la Cámara de Representantes ahora mismo y lo que necesitamos en el Partido Demócrata ahora más que nunca son representantes que vivan, respiren y quieran a sus comunidades. Y eso es lo que soy yo y es por este motivo que nadie me iguala en lo que a esta experiencia se refiere. Porque se tiene que... no sólo se trata de decir lo que quieren oír. No sólo se trata de las ruedas de prensa. No sólo se trata de copatrocinar leyes. De lo que se trata es de practicar lo que se predica. Se trata de lo que realmente decidimos hacer y cómo no sólo decidimos vivir nuestras vidas, sino las leyes a las que decidamos darles prioridad en la Cámara de Representantes. No basta con decir, yo copatrociné este proyecto de ley. ¿Es un asunto prioritario de nuestra agenda? ¿La educación es un asunto prioritario de nuestra agenda? ¿Medicare para todos es un asunto prioritario? Medicare para todos ha estado en cuatro [temporadas de la] Cámara de Representantes (inaudible) 20 años y ha ocupado el último lugar en el orden de prioridades. Así que un copatrocinio hace 10 meses no es suficiente. No cuando has estado aquí 20 años.

(Aplausos y vítores)

SRTA. OCASIO-CORTEZ: Así que creo que tenemos experiencia. Y en cuanto a las funciones, creo que usted se refiere a la doble o incluso triple ocupación de un miembro de... del representante en ejercicio, [ya que] no sólo es Representante a la Cámara, sino también Presidente del Partido Demócrata de Queens y, si no me equivoco, Líder de Distrito también. Y como saben, yo... ésa es una pregunta para nosotros como comunidad. ¿Qué tipo de comunidad queremos ser? ¿Cómo queremos ser gobernados? Y yo creo que por... sencillamente es un indicador de no sólo lo que ha estado ocurriendo a nivel nacional, sino también que lo que ha estado ocurriendo a nivel nacional sucede también a nivel local, que es donde han estado nuestros intereses... han sido controlados por muy pocos en las esferas más altas, y ha sido de arriba hacia abajo, y tenemos que transformar nuestra democracia y recordarles a todos que los Estados Unidos es una democracia de abajo hacia arriba.

(Aplausos y vítores)

SRTA. OCASIO-CORTEZ: Así que no sólo es mi responsabilidad, sino que es la responsabilidad de todos aquellos que están en este salón de exigir este tipo de rendición de cuentas. Porque, francamente, la razón por la cual esto ha sucedido durante 20 años es que hemos permitido que suceda durante 20 años.

MIEMBRO DEL PÚBLICO: Tengo una pregunta. ¿Puedo? De acuerdo. Si saliera electa a la Cámara de Representantes, ¿cuál sería el primer proyecto de ley que le encantaría aprobar?

(Hablan en español)

SRTA. OCASIO-CORTEZ: De acuerdo. Bueno, el primer proyecto de ley... creo que es una pregunta excelente. Yo sí... yo sí creo que con la organización que hemos realizado, no sólo en esta campaña, sino incluso antes de la campaña, estratégicamente creo que primero podemos aprobar Medicare para todos.

(Aplausos y vítores)

SRTA. OCASIO-CORTEZ: Creo que podemos hacerlo. Hemos estado ejerciendo presión a propósito de esta ley durante mucho tiempo, pero más intensamente durante más de 2 años. Y hemos ejercido presión en los copatrocinios. Me siento orgullosa de haber ejercido presión a mi adversario con el fin de que fuera copatrocinador de este proyecto de ley. Pero hemos creado... éste fue el proyecto de ley que pasó de tener muy pocos copatrocinadores hasta contar ahora con casi 100 copatrocinadores en la Cámara de Representantes. Y hemos ejercido... nosotros, como individuos, como movimiento, hemos ejercido esa presión por todo el país y, como saben, el 21 de enero de 2019 necesitaremos generar presión para cumplir, luego de que los demócratas detenten el control de la Cámara.

MIEMBRO DEL PÚBLICO: Ésa es (inaudible) mi pregunta. Tenemos una oficina de correos aquí mismo; es un edificio federal. Sólo que en ese edificio no tenemos rampas (inaudible) mucha gente no puede... no puede entrar, personas (inaudible) especiales y tenemos... ¿Qué opina... intenta... aprobar el proyecto de ley para colocar una rampa en este edificio?

SRTA. OCASIO-CORTEZ: Bueno, yo... quiero decir, cada edificio debería acatar las normas de la Ley para estadounidenses con discapacidades [ADA, por sus siglas en inglés] y deberíamos... sí, es decir si... si es no accesible a personas discapacitadas... ése es... ése es uno de los servicios más fundamentales que... que deberíamos proporcionar. Así que si allí no hay una rampa para minusválidos y ni siquiera estoy segura de que sea legal que no la tengan. Pero si no lo es... si no la tenemos, definitivamente deberíamos tenerla.

MODERADOR: ¿Alguien más desea hacer una pregunta? ¿Alguien que no haya hablado anteriormente?

MIEMBRO DEL PÚBLICO: Gracias. Usted

mencionó (inaudible). Uno de los problemas que he tenido, y una de las razones por la que la encontré a usted, es porque soy discapacitado. Estaba en CUNY y CUNY, cuando les pedí que me dieran comodidades por mi condición, me pusieron de patitas en la calle. Joe Crowley... entablé una demanda contra CUNY y ellos presentaron declaraciones juradas falsas que indicaban que ellos no tenían ni idea de que yo les hubiera solicitado comodidades por mi condición. Y la respuesta de Joe Crowley fue colgarme el teléfono como de costumbre. Pero sobre lo que quisiera preguntarle es que cuando yo les demandé respecto a esto ante el Tribunal Federal, una de sus defensas, la cual realmente me llamó la atención, fue que dijeron que les estaba permitido hacer declaraciones falsas y que tenían inmunidad. Y es cierto, sabe usted, en todos los niveles. Ésa es una de las cosas que pienso sobre la gente en (inaudible) y es creación del Tribunal Supremo. El Tribunal Supremo dijo que usted podría tener inmunidad procesal, enjuiciamiento civil, si se comete perjurio en el Tribunal, siempre y cuando usted representó (inaudible). O.K. Y si eso me consigue (inaudible) los jueces federales y los jueces estatales son absolutamente inmunes, lo que significa que ellos literalmente podrían aceptar un soborno y no ser demandados por haberlo aceptado. ¿Okey? Ahora bien, ha estado en el ámbito de competencia de la Cámara de Representantes y es por ello que (inaudible) Joe Crowley modifique el Estatuto de los derechos civiles, que es 42 USC 1983, para eliminar este tipo de inmunidad. Y ha habido mucha oposición por parte de los fiscales, de la policía y así sucesivamente. Creo que sé la respuesta a esta pregunta, pero ¿qué piensa usted de la idea de tener inmunidad en estas situaciones?

SRTA. OCASIO-CORTEZ: Bueno, yo... aunque no he leído la... la línea específica en la ley a la cual usted se refiere, en... en concepto y en principio, me... me opongo. Creo que esto también está relacionado con un... un proyecto de ley que se votó por... por el representante en ejercicio, que de cierta forma también se traduce esto en lo que... en lo que se conoce como un proyecto de ley en contra del [movimiento] "las vidas negras importan" sobre el cual recientemente se votó. El cual... el cual básicamente creó una clase federal especial para agentes de policía municipales. Y creo que básicamente es un... es... es un problema, porque cuando creamos...

saben, cuando creamos ciertas personas que están exentas del principio de derecho normal, que saben ustedes... por... por cualquier motivo no está... saben, no... no está bajo su inmunidad normal o, saben, lo que sea. De todos modos, cuando tenemos personas que están exentas del... del principio de derecho, es... podría ser problemático, por fuera de casos muy específicos, como la inmunidad diplomática. Así que me gustaría investigar esto más a fondo y... y sentarme y realmente leer sobre todo esto de lo que usted está hablando, sí.

MODERADOR: Gracias. Bueno, vemos que alguien está alzando la mano aquí.

MIEMBRO DEL PÚBLICO: Gracias. Buenas noches. Durante el transcurso de mi vida me han dicho repetidas veces que... que ser propietario de una casa es el... es el sueño americano y que esto es a lo que todos deberíamos aspirar. Pero durante el transcurso de mi vida yo sólo he visto que ese sueño en específico se ha vuelto cada vez más difícil de alcanzar. Mi historia específica es la siguiente: llegué a Nueva York hace unos 5 años y pude conseguir un "buen trabajo", sabe usted. Y... y en general me va bastante bien. Sin embargo, como alguien que no ha nacido rico, tener casa propia sigue

148

siendo una quimera. Simplemente no está en la medida de lo posible, a menos que, sabe usted, me gane la lotería mañana. ¿Qué haría usted si sale electa para traer de regreso el sueño de tener casa propia?

SRTA. OCASIO-CORTEZ: Esta es una pregunta estupenda, estupenda. Gracias por hacer esa pregunta. Y usted no está solo en esa lucha. Sólo el 7 por ciento de las personas en la ciudad de Nueva York son propietarios de las casas donde viven. Solamente el 7 por ciento. Así que el 93 por ciento de las personas que vive aquí paga alquiler a alguien que no [vive aquí]. Y ése es un problema estructural fundamental con base en la ciudad de Nueva York y es... la propiedad de vivienda es uno de los... y... y la industria inmobiliaria, en general, es uno de los más grandes mecanismos y los mayores y... los mayores instrumentos de desigualdad de ingresos en los Estados Unidos. Es una de las maneras más rápidas mediante la cual los ricos se vuelven más ricos y los pobres siguen siendo pobres o bien se vuelven más pobres, o en que la clase trabajadora se mantiene... o en que la clase media se mantiene igual. Así que hay un par de cosas grandes que podemos hacer. Una es que ahora mismo nuestra... nosotros... ustedes nunca pensarían esto, pero los Estados Unidos invierten 200.000 millones de dólares anuales en vivienda y ustedes nunca sospecharían eso porque mucho de ese dinero se destina a subsidios que sostienen a aquéllos que ya poseen grandes cantidades de propiedades. Y por lo tanto, la propiedad de viviendas a la que usted se refiere en los últimos decenios, ésta se ha vuelto cada vez más difícil y se debe a que esos instrumentos para los estadounidenses de la clase trabajadora se han venido... se han venido deteriorando durante los últimos 20 años. Así que lo que tenemos que hacer es (A) fijarse en esa inversión de 200.000 millones de dólares que ya existen y garantizar que se devuelvan a los estadounidenses de clase trabajadora y clase media para que sean propietarios de sus viviendas. Así que ésa es una cosa. La otra cosa es que necesitamos empezar a explorar la vivienda como un derecho y, por mucho tiempo, nuestra política de inversión... nuestra política se ha concentrado en la vivienda como una inversión, la vivienda como algo con lo que podemos hacer dinero, en lugar de la vivienda como una mercancía fundamental que todos deberíamos tener. Y necesitamos dictar leyes al respecto. Así que una de las cosas que realmente implica es cancelar una disposición... una disposición... cancelar una disposición legislativa que nuestro representante en ejercicio propuso después de recibir una cantidad inaudita de dinero de los promotores de bienes raíces de lujo en 2015. Él aprobó algo conocido con el nombre de FIRPTA (inaudible) para reformar. Y básicamente lo que hizo fue que permitió que promotores extranjeros de bienes raíces de lujo... les levantó la tapa para que pudieran correr por la ciudad, y no sólo correr por la ciudad de Nueva York, sino también correr por otras ciudades de los Estados Unidos con el fin de engullirse el resto del inventario de viviendas que tenemos. Por eso cuando se investiga quién es el propietario... quién... quién es el propietario de viviendas en la ciudad de Nueva York, quién es el propietario de edificios, quién es el dueño de apartamentos, ni siquiera son personas en este país. Por lo tanto, lo que realmente necesitamos hacer es reafirmar el derecho, reafirmar la vivienda como un derecho, volver a centrar la vivienda en general como algo que la gente... las personas deberían ser las propietarias de las casas donde vivan. Deberían tener la opción de ser dueñas de las casas en las que viven. Y... y si pagan alquiler a alguien, debería ser alguien de la localidad, idealmente en su comunidad. Eso debería... así es... así es... así es cómo debería ser nuestra vivienda y tenemos que dictar leyes, no sólo respecto a nuestros subsidios fiscales y volverlos a centrar en eso, sino que también necesitamos ampliar la cantidad de... de... necesitamos reinvertir en NYCHA también. No sé si alguien vio hoy las noticias, pero el Gobierno Federal amonestó a la ciudad de Nueva York y la ciudad de Nueva York ahora tiene que pagar algo así como 2.000 millones de dólares. NYCHA está pasando por una crisis humanitaria, de verdad. Tenemos a personas en pleno invierno sin calefacción, sin agua caliente y éstos eran nuestros vecinos. Y permitimos que eso ocurriera porque durante los últimos 20 años hemos permitido la deshumanización de los pobres, lo que significa que, en esencia, hemos permitido tácitamente que suceda lo que sea a los pobres. Y... y lo que necesitamos decir básicamente es que, en los Estados Unidos, hay una calidad de vida básica, realmente una calidad de vida básica. Las personas deberían poder comer. Deberían poder dormir en paz. Y deberían poder tener la posibilidad de recibir una educación y asistencia médica para la salud.

(Aplausos y vítores)

MIEMBRO DEL PÚBLICO: Me llamo Julian Williams. Ésta no es una pregunta. Esto es para decir que hay que arreglar a Medicare. Necesita atención médica a largo plazo, servicios de optometría y de odontología. Éstas son las tres cosas; entonces podría ser utilizado por todas las personas. Porque durante los últimos 20 años no tuvimos atención médica a largo plazo. Yo pago alrededor de 1.400 dólares al año por atención médica a largo plazo. Y para la vista, el doctor se encarga de eso. Pero para dentistería, es escandaloso. Necesito servicios de dentistería y no pude conseguir servicios de dentistería de Medicaid porque dicen que gano mucho dinero. Podrían haberlo arreglado si hubieran aumentado la cantidad de dinero para que yo estuviera en el nivel exigido y, entonces, pudiera tener dientes [sic]. Así que si van hacer algo por Medicare, arreglen esas tres cosas y ofrézcanselo a todo el mundo.

SRTA. OCASIO-CORTEZ: Sí. Amén. Por eso es... y por eso es que...

(Aplausos y vítores)

SRTA. OCASIO-CORTEZ: ...por eso es que el HR-676... y por eso es que utilizo el nombre completo de ese Proyecto de ley, HR-676. Se conoce con el nombre de Medicare, mejorado y ampliado para todos, porque lo mejoramos al permitir un sistema de pagador único, de modo que alguien como yo que, saben, yo tengo el... he sido afortunada con la salud y puedo... estoy feliz de pagar en un sistema de pagador único, de manera que cuando los jóvenes sean incorporados realmente a Medicare para todos, eso... eso nos da los fondos para mejorarlo para las personas que ya lo tienen. Es por eso que tenemos que hacerlo ahora mismo. Es por eso que realmente no podemos aceptar esa línea de razonamiento que nos dice que tenemos que hacerlo paso por paso. [Que] tenemos que hacerlo por partes. Obamacare es lo que conseguimos cuando lo hacemos por partes. No es suficiente. Y tenemos que tener el valor de proceder con estas ideas en su totalidad. Tenemos que tener el valor de decir que lo podemos hacer todo ahora mismo.

(Aplausos y vítores)

MODERADOR: ¿Alguien más tiene preguntas? Todo el mundo tiene preguntas.

MIEMBRO DEL PÚBLICO: Hola. Hace diez u once años atravesábamos una crisis económica debida a los bancos. Las leyes que se establecieron en aquel momento fueron debiluchas, en el mejor de los casos. Entonces, mi pregunta es: ¿está usted a favor de un... una [ley] Glass-Steagall de nuestro tiempo, que levantaría un... un muro de separación entre los bancos de inversión, de modo que puedan jugarse todo lo que quieran con su propio dinero, y los bancos de ahorro, de modo que usted y yo y la gente de este barrio tengan un banco donde sepan que su dinero no correría peligro? Y también algo así como un Banco Postal, que solía ser una cosa... creo que lo fue... desapareció en los años sesenta. Así que, ¿está a favor de algo como una [ley] Glass-Steagall de nuestro tiempo?

SRTA. OCASIO-CORTEZ: Sí, sí y sí. Y ésta es realmente una pregunta muy importante para... para que en cierta medida también la examinemos de verdad. Sí... sí necesitamos una [ley] Glass-Steagall de nuestro tiempo. [La ley] Dodd-Frank que usted mencionó era realmente debilucha y, de hecho, nuestra representación votó en contra de las enmiendas a [la ley] Dodd-Frank que habrían... que habrían protegido a los estadounidenses de la clase trabajadora antes de la próxima crisis económica. Desde entonces, [la ley]

Dodd-Frank se ha visto más amenazada y... más desmantelada. Y creo que por eso es tan importante para nosotros. Y cuando hablamos de una [elección] primaria, este año 2018, hay muchísimas personas que ahora sostienen conversaciones importantes acerca [de pasar] del Rojo [Partido Republicano] al Azul [Partido Demócrata]. Pero para nosotros, tenemos la responsabilidad de liderar al país con una legislación progresista. Y en uno de los distritos más progresistas de los EE.UU., allí es donde vivimos. El [Distrito] 14 de Nueva York es uno de esos distritos progresistas de los EE.UU., y hemos tenido representantes que han estado votando para desregular a los promotores de bienes raíces, que han estado votando para desregular a los bancos, ha... que antes del Proyecto de ley de impuestos del Partido Republicano, nuestro representante en ejercicio votó por el mayor regalo de la historia a corporaciones y al uno por ciento, que fueron las Reducciones y prórrogas fiscales de [George W.] Bush. Votó para que fueran permanentes y que... estos instrumentos de desigualdad económica conduzcan a la inestabilidad social. Tenemos esta responsabilidad de conducir al resto del país, porque no todo el mundo tiene el privilegio de... de vivir en un distrito electoral demócrata seguro. Así que cuando tenemos el don de vivir en un Distrito 85% demócrata, ese Distrito y esa representación, y cómo percibo cuál sería mi responsabilidad en calidad de su próxima Representante a la Cámara, sería jugárnosla el todo por el todo respecto a algunas de las leyes más progresistas en los Estados Unidos, incluidas una [Ley] Glass-Steagall y una Banca postal adaptadas a nuestro tiempo.

(Aplausos y vítores)

MODERADOR: Gracias. ¿Alguien más desea hacer una pregunta? ¿Alguien tiene una pregunta?

MIEMBRO DEL PÚBLICO: Hola. Dos preguntas. Anteriormente mencionó que su política la habían tildado de disparatada y, es cierto, necesitamos realmente aclarar esto, ¿no es verdad? Y entonces usted va a enfrentar esa afirmación. Usted va a ingresar a un sistema que es muy diferente de sus políticas, y esa lucha, esa lucha diaria puede causar cierta frustración, que tal vez la desilusione. Así que siempre... siempre y cuando gane, ¿qué hará usted para de alguna forma continuar luchando por una causa justa, para no desilusionarse, para no decepcionarse debido a los mecanismos que han estado establecidos, con el statu quo actual? Y la segunda pregunta es: si las comunidades que usted representa no están de acuerdo con una de sus políticas, ¿qué hará respecto a eso? Gracias.

SRTA. OCASIO-CORTEZ: Dos preguntas estupendas. La primera de ellas acerca de si llegamos... si llegamos a la Cámara de Representantes, ¿qué sucedería cuando lleguemos allí? En primer lugar me siento orgullosa de decir que soy la candidata de un movimiento, así que me respaldan dos organizaciones conocidas con los nombres de *Brand New Congress* y *Justice Democrats*, las cuales están presentando candidatos no corporativos a lo largo y ancho del país. Así que no soy la única. Hay más de 50 otros candidatos al Congreso en 2018 postulados con ofertas políticas similares a la mía. Y la idea no sólo es elegirme a mí sino elegir a un grupo y elegir a un movimiento en un año. Ya que eso nos dará mucho poder. Y eso es lo que hemos estado haciendo. Eso es lo que hemos estado buscando. Y lo que realmente me emociona decir es que tengo una (inaudible) allá afuera, no literalmente, sino espiritualmente, en Nevada, Amy Vilela, y su elección es mañana. Su elección es... su elección primaria es mañana y realmente se postula... realmente se postula en contra de una persona que financia mi adversario. Así que de lo que se trata es de personas versus dinero. De eso se trata este año. Y si podemos postular a 50 candidatos y elegir a 5, eso sería un primer paso monumental. Porque la gente habla acerca de lo poderoso que fue el Tea Party. El Tea Party tenía aproximadamente 7 o 9 miembros. Ya tenemos 8 miembros de la bancada progresista en el Congreso. Si tuviéramos 5 personas más que no aceptaran dinero corporativo de los Comités de Acción Política (PAC), podemos cambiar las leyes en los Estados Unidos muy rápidamente, muy, muy rápidamente.

(Aplausos y vítores)

SRTA. OCASIO-CORTEZ: Pero lo que se necesita es que las comunidades como la nuestra tengan el valor de cambiar de liderazgo cuando se lo exijan. La segunda pregunta que me había hecho... ah, ¿qué pasa si alguien no está de acuerdo conmigo en la comunidad?

MIEMBRO DEL PÚBLICO: Comunidades... comunidades en general.

MODERADOR: Comunidades que no estén de acuerdo con una política.

SRTA. OCASIO-CORTEZ: La comunidad... ah, eso es lo bueno de no aceptar dinero corporativo de los Comités de Acción Política (PAC). Porque a mí no me pagan. No acepto dinero a cambio de adoptar ciertas posturas. Y por lo tanto no soy... por ejemplo, no acepto dinero de las aseguradoras de salud a cambio de que adopte ciertas posturas respecto a la asistencia médica para la salud. Nuestra política y mi política han sido elaboradas con base en lo que la gente quiere. El 60 por ciento de los estadounidenses apoya a Medicare para todos. Una cantidad abrumadora apoya cosas como la aprobación de la Ley de fomento para el progreso, alivio y educación para menores extranjeros (Dream Act)... etcétera. Así que, para comenzar, esta ley ha sido elaborada con base en lo que los trabajadores de los Estados Unidos ven con buenos ojos y... y en lo que desean. Pero absolutamente, como si... eso es lo maravilloso, que creo que un candidato, y creo que un representante en ejercicio que no acepta dinero de [grupos de] intereses especiales es mucho más receptivo a sus comunidades que los que sí lo aceptan. Y por lo tanto, en lo que a mí

respecta, creo que está muy bien hacer con‐
cesiones dentro de las comunidades. Creo
que es estupendo llegar a un acuerdo cuando
los votantes y los miembros de la comuni‐
dad no estén de acuerdo con algo. Lo que no
creo que sea correcto es poner en peligro a
nuestra comunidad haciendo componendas
con personas que son... que tengan intere‐
ses especiales en Wall Street o en [Washing‐
ton] D.C. [Distrito de Columbia]. El meollo
de la representación es representar lo que
en esencia es esta comunidad y yo... yo creo
que podría llevar a cabo una mejor labor que
cualquiera otra persona.

(Aplausos y vítores)

MIEMBRO DEL PÚBLICO: Así que una de
las cosas decepcionantes acerca del Repre‐
sentante Crowley es que no creo que él re‐
presente muy bien a los inmigrantes, ¿me
explico? y... sino al Partido Demócrata en ge‐
neral. En 2008 el Presidente Obama dijo...
que la primera cosa que aprobaría sería la re‐
forma inmigratoria y después se convirtió en
el (inaudible), ¿cierto? Hizo muchas cosas
buenas, saben. No estoy 100 por ciento en
contra de Obama, pero él no... él no cumplió
esa promesa, ¿me explico? Y alguien acabó
de preguntarle cuál sería la primera cosa que

usted haría y usted no mencionó la reforma inmigratoria. Así que tengo dos preguntas. ¿Por qué... por qué no la reforma inmigratoria en primer lugar, y cuál es... cuál es el mayor defecto que usted ve en la falta de iniciativa del Partido Demócrata en impulsar la reforma inmigratoria?

SRTA. OCASIO-CORTEZ: Ésa es una pregunta estupenda. Gracias. De modo que son dos cosas. La primera es... y de cierto modo hablé sobre esto en la actividad con la comunidad a comienzos de esta semana. La manera en que simplemente tengo la tendencia de pensar acerca de estas cosas y la manera en que tengo la tendencia a priorizar los problemas, resulta ser que de cierta forma siento que tenemos que ser tan idealistas y... tenemos que ser tan inflexibles e idealistas como sea posible en lo que respecta a nuestros valores. Y después tenemos que ser tan pragmáticos como sea posible en nuestra estrategia y en cómo llevarla a cabo. Así que la razón por la que yo... digo Medicare para todos es porque siento que podemos conseguir eso más rápido y siento que es la cosa con mayor impacto que podemos hacer. Pero eso no significa que hacemos una cosa o la otra. Eso no significa que sólo se trabaja en conseguir en primer lugar Medicare para todos. Cuando se trata de la reforma inmigratoria, hay ciertas cosas que podemos hacer rápidamente. Aproximadamente el 80% de los estadounidenses cree en la Ley de fomento para el progreso, alivio y educación para menores extranjeros (Dream Act), y es que ese... ese pequeño fragmento es bipartidista. Y, por lo tanto, si podemos hacer esto cuanto antes, hagámoslo, hagamos que aprueben la Ley de fomento para el progreso, alivio y educación para menores (Dream Act). Sin embargo, eso no resuelve el hecho de que tenemos un sistema de inmigración que no funciona en lo absoluto, que francamente tiene sus raíces en... si se estudia la historia de la inmigración en los Estados Unidos, ésta tiene sus raíces en la exclusión racista. La primerísima ley de inmigración aprobada en los Estados Unidos fue la Ley de exclusión de los chinos. Y antes de ésa, todo estaba permitido, y no fue hasta que... saben, básicamente fue hasta que la gente comenzó a parecer bastante diferente, materialmente hablando, que empezamos a imponer límites. Y todo nuestro sistema de inmigración se construyó con base en esa idea fundamental. Así que cuando hablamos de reforma inmigratoria, hablamos de cómo concebir de una manera completamente diferente el concepto de inmigración y también los valores con los que queremos dar forma a la política de inmigración. Yo... creo que esta curul sí tiene que tomar la iniciativa en la reforma inmigratoria. Somos el Distrito con la mayor concentración de inmigrantes, y si no el mayor, por lo menos es uno de los mayores en los Estados Unidos. Entonces creo que en términos de fomentar esa visión, sí tiene que proceder de esta curul. Hay muy pocas curules en los Estados Unidos de las que pueden proceder y creo absolutamente que la inmigración debería ser una prioridad, algo así como una de las cinco prioridades principales. Sobre todo cuando se habla de cosas como éstas, reforma del sistema penal, etcétera. Así que... ésa fue en cierto modo la primera pregunta. Lo siento, ¿cuál fue su segunda pregunta?

MIEMBRO DEL PÚBLICO: La falla en el enfoque del Partido Demócrata sobre la reforma inmigratoria.

SRTA. OCASIO-CORTEZ: Ah, no hemos tenido ningún enfoque con respecto a inmigración. Ésa es la falla. Lo que quiero decir es que... ahora que la... la única cosa que tenemos en este momento con esta Administración, tan horrible como es, es que ha creado mucha claridad moral sobre los problemas, como probablemente no la tuvieron las anteriores. Por mucho tiempo tuvimos… tuvimos una mayoría demócrata cualificada. Tuvimos un Presidente demócrata, un Senado demócrata, una Cámara de Representantes demócrata. Y con todo y eso no logramos que aprobaran la Ley de fomento para el progreso, alivio y educación para menores extranjeros (Dream Act); sin embargo, incluso entonces hubo un 80 por ciento de aprobación. Y entonces… y permitimos que ICE [Servicio de Inmigración y Control de Aduanas] continuara durante todo ese tiempo. Así que esto es una… inmigración no ha sido históricamente una cuestión partidista. No es que los Republicanos hayan sido siempre los malos y que los Demócratas hayan sido siempre los buenos. De hecho la más amplia política de amnistía aprobada en los Estados Unidos fue aprobada por Ronald Reagan. Así que tenemos que mirar a la inmigración como una cuestión bipartidista. Sé que en cierta medida algunas veces eso suena como una mala palabra. Pero… pero pienso que podemos crear el capital político y la presión política para una reforma inmigratoria, y sí creo que… que por lo menos tenemos el capital político para abolir ICE [Servicio de Inmigración y Control de Aduanas] lo antes posible, porque la gente ve cómo se construyó este sistema y ahora que ven a ICE... para aquellos de ustedes que no lo sepan, ICE fue establecido en 2003. No siempre ha estado aquí. Y funciona fuera de la responsabilidad y de la jurisdicción del Departamento de Justicia. Y debido a eso, por eso es que pueden salirse... salirse con la suya arrebatando a bebés de los brazos de sus padres. Por eso pueden salirse con la suya encerrando a niños en centros de detención que son demasiado fríos. Este tipo de cosas nunca deberían ocurrir en los Estados Unidos. Nunca [deberían] ocurrir en los Estados Unidos. Y tenemos la oportunidad, como Partido Demócrata, de ser el Partido, de ser el Partido que diga basta. Aún no lo hemos hecho, pero podemos hacerlo.

(Aplausos y vítores)

MIEMBRO DEL PÚBLICO: Ahora que habla de inmigración, sucede que soy abogado de inmigración. Usted abordó ahora algunas... algunas de las cuestiones que veo todos los días. El 1 de abril de 1997, el Congreso de los Estados Unidos aprobó una ley de inmigración que creó algo que se conoce con el nombre de Presencia ilegal. En otras palabras, antes de esa fecha, si usted no tenía documentos en los Estados Unidos, realmente no tenía consecuencias en su capacidad para convertirse en una persona legalizada, si tenía un familiar o un empleador o alguien que pudiera patrocinarla. Desde el 1 de abril de 1997, la Presencia ilegal ha sido castigada. Existe un artículo de la ley que ha sido aprobado varias veces, sólo por breves períodos de tiempo. Se llama 245-I. ¿Apoyaría usted que el 245-I se convierta en legislación permanente en los Estados Unidos?

SRTA. OCASIO-CORTEZ: Lo siento, qué hizo el 245-I...

MIEMBRO DEL PÚBLICO: El 245-I proscribe la presencia ilegal. En otras palabras, se regresa a la forma que había antes. Si una persona está indocumentada, entonces la Presencia ilegal no cuenta. Ése es, realmente, el mayor obstáculo para la legalización de muchas de las personas que están presentes hoy en día en los Estados Unidos. Ahora mismo hay personas que tienen hijos en los Estados Unidos mayores de 21 años que no puede tramitar sus documentos porque entraron ilegalmente, y existe esta creación llamada Presencia ilegal, que ha estado con nosotros desde el 1 de abril de 1997, que sólo con derogar ese artículo de la ley, se podrían liberar a muchísimas personas para que puedan convertirse en residentes legales permanentes.

SRTA. OCASIO-CORTEZ: Sí, y creo que ésta es una de... ésta es una de las razones por las que yo... cuando contemplo la reforma inmigratoria, yo... veo que hay elementos muy grandes de la inmigración que podrían realmente contemplarse desde el punto de vista similar de la reforma de la justicia penal, realmente. Porque lo que vimos con el encarcelamiento masivo fue la criminalización de personas predominantemente afrodescendientes y latinas. Y fue, por ejemplo, como... como lo que sucedió con la guerra contra las drogas; anteriormente la marihuana no era ilegal, pero decidimos convertirla en [una droga de] Categoría I, con el castigo más severo por tenencia. Y, entonces, después de que se criminaliza a una persona, entonces se puede... entonces en cierta medida se crea un precedente para hacer lo que se quiera con ellas. Y eso fue lo que ocurrió en 1997. Eso fue lo que sucedió cuando decidimos criminalizar a las personas indocumentadas, en lugar de intentar resolver su situación. Yo... trabajé en asuntos de inmigración con el difunto senador Kennedy y vi las consecuencias de eso. Una sociedad... comunidades con grandes grupos de personas indocumentadas, la falta de documentos, cuando particularmente se criminaliza, es muy peligrosa. Y permite que las personas sean... permite que las personas sean explotadas en sus lugares de trabajo. Hace que las mujeres tengan temor de hacer denuncias cuando sean víctimas de violencia doméstica. Crea mucha inestabilidad social. Y creo que vemos, sobre todo aquí en Jackson Heights, que estamos haciendo mucho bien. Saben, en lo que respecta a nuestro tejido social, nuestro tejido social es sólido, y creo que vemos que, si de cierta manera despenalizamos algo de este proceso, sé que muchas personas de nuestra comunidad acogerían esto con beneplácito.

MODERADOR: Gracias. ¿Alguien más desea hacer una pregunta?

MIEMBRO DEL PÚBLICO: Alexandria, esta pregunta básicamente también se aplica a la inmigración. Muchos de nosotros estamos aquí debido a que el gobierno de los EE.UU. estuvo involucrado en el derrocamiento de dirigentes democráticamente elegidos y por su apoyo a dictaduras, o bien porque (inaudible) terrorismo económico a través del Fondo Monetario Internacional o por todas esas cosas que actualmente suceden en Venezuela y en otros países. ¿Cuál es su postura respecto a la política exterior, en lo que también entonces se aplica a (inaudible) presupuesto militar que entra en (inaudible) todas estas injerencias?

SRTA. OCASIO-CORTEZ: Sí. Entonces yo... creo que los Estados Unidos deberían efectuar una transición y una expansión de la política exterior con orientación humanitaria, en lugar de una injerencia, en lugar de una política exterior que permita una injerencia excesiva. Una de las razones por las que tenemos TPS [Estado de protección temporal] para Honduras, por qué tuvimos a tantos niños llegando a las fronteras del sur de Tejas hace 2 años, es porque participamos en el cambio de régimen en Honduras y eso crea desestabilización social y después esas personas vienen a nuestras costas. Y para mí, me parece que está mal que tengamos una política exterior mediante la cual intervenimos en otro país, pero que luego no traiga como contraparte una política de inmigración coherente. Deberíamos saber que cuando nos involucramos en un país con ciertas funciones, habrá poblaciones que buscarán refugio en nuestras costas. Y tenemos que pensar... creo que tenemos que asumir la responsabilidad por esto.

MIEMBRO DEL PÚBLICO: Gracias.

MODERADOR: Alexandria, quiero darle las gracias por haber estado aquí esta noche. Nos proporcionó mucha información. Sin embargo, tengo una última pregunta que le hice a nuestro candidato a la Asamblea. ¿Qué es lo que la hace a usted la mejor candidata? ¿Por qué debería votar por usted? ¿Qué es lo que la hace la candidata por la que hay que votar el día de las elecciones?

SRTA. OCASIO-CORTEZ: Esta campaña no es sobre mí. Esta campaña es sobre un movimiento y tenemos que elegir un movimiento al Congreso. Tenemos que elegir un movimiento al Congreso que se haya despojado de [grupos de] intereses especiales y que luche sin reservas por la justicia social, económica y racial de todos los habitantes de los Estados Unidos. Y un voto por esta campaña es un voto por este movimiento. Y ésta es una pieza de un movimiento de mayor envergadura en el cual continuaremos participando, no sólo en [el Distrito] 14 de Nueva York, sino a lo largo y ancho del país. Porque si somos realmente serios, y si el Partido es tan serio como dice ser acerca de luchar contra Trump, entonces no se trata de en contra qué estamos luchando. Se trata de por qué estamos luchando. Y soy la única candidata en esta contienda que propone las posturas más fuertes para el progreso y para un futuro colectivo y realmente creo esto. Y me siento realmente orgullosa de hacer parte de esto. Y por eso creo que todo el mundo debería votar el 26 de junio.

(Aplausos y vítores)

MODERADOR: Gracias. Gracias a todos por estar aquí esta noche. Gracias por venir a nuestra actividad. Les pido que por favor firmen nuestras hojas para que tengamos un número de teléfono donde podamos comunicarnos con ustedes la próxima vez que tengamos otra actividad. Firmen nuestras hojas de asistencia. Dennos su número de teléfono, su correo electrónico y espero volver a verles. Y muchísimas gracias.

(Fin de la grabación de video)

[CD de audio, contador 01:12:39]

* * * * * *

www.ingramcontent.com/pod-product-compliance
Lightning Source LLC
Chambersburg PA
CBHW051450250726
48655CB00001B/329